Vorwort

Kaum eine Maschine wird in so unterschiedlichen Bereichen unserer Gesellschaft eingesetzt wie der Computer. Warenhäuser erfassen Wareneingang und -ausgang mit Computern, Banken bedienen sich der elektronischen Datenverarbeitungsanlage (EDVA) für Buchungen, in statistischen Landesämtern werden Erhebungsbögen maschinell gelesen und ausgewertet, und in Städten werden Ampelanlagen von Rechnern so gesteuert, wie es das Verkehrsaufkommen erfordert. Eine besondere Bedeutung nimmt der Computer in Forschung und Technik ein. Die Raumfahrt z.B. ist erst durch den Einsatz von Computern möglich geworden.

Moderne Rechner können bis zu 10 000 000 Additionen in einer Sekunde durchführen und eine fast unvorstellbar große Menge von Daten speichern. Diese Geschwindigkeit der Bearbeitung, diese große Speicherfähigkeit und die Exaktheit der Berechnungen erzeugen im Laien leicht das Gefühl, im Computer seien „magische Kräfte" am Werk, er sei „unfehlbar" und bedrohe die Entscheidungsfreiheit des Menschen. Vom Computer geht etwas Geheimnisvolles und Faszinierendes, bisweilen sogar etwas Furchterregendes aus.

Nur derjenige, der Aufbau und Funktionsweise einer Datenverarbeitungsanlage kennt, weiß ihre Leistungsfähigkeit und Anwendungsmöglichkeiten richtig einzuschätzen. Dieses Buch soll eine Hilfe sein, die ersten Grundlagen für das Verständnis des Computers zu erarbeiten. Im ersten Kapitel werden Aussagenalgebra und Schaltalgebra als Modelle der Booleschen Algebra entwickelt. Anschließend wird das Modell eines programmgesteuerten Computers aufgebaut, das die wesentlichen Funktionsteile eines Computers enthält und deren Zusammenspiel zeigt.

Die Verfasser

Sankelmark, im September 1972

Inhaltsverzeichnis

1. **Modelle der Booleschen Algebra**   1

1.1. Aussageformen   1

1.2. Logische Verknüpfungen   7

1.3. Erstes Modell: Aussagenalgebra   13

1.4. Zweites Modell: Schaltalgebra   17

1.5. Terme und ihre Verknüpfungen   27

1.6. Gesetze der Booleschen Algebra   36

1.7. Dualität der Gesetze   42

1.8. Adjunktive Normalform   47

1.9. Anwendungen   57

2. **Aufbau eines einfachen Computers**   64

2.1. Addition von Dualzahlen   64

2.2. Halbaddierer und Volladdierer   67

2.3. Planung eines Serienaddierwerks   71

2.4. Schieberegister   73

2.5. Aufbau eines Serienaddierwerks   77

2.6. Steuerung des Rechenablaufs   80

2.7. Steuerung durch Befehle   84

2.8. Programmgesteuerter Rechner   90

Anhang A. Dualzahlen   96

Anhang B. Axiome der Booleschen Algebra   98

1. Modelle der Booleschen Algebra

Das Denken des Menschen besteht zu einem großen Teil darin, Aussagen zu neuen Aussagen zu verknüpfen und aus ihnen Schlußfolgerungen zu ziehen. Diese Tätigkeit läßt sich mit geeigneten Schaltungen simulieren, weil für die Verknüpfung von Aussagen und die Zusammensetzung von Schaltungen die gleichen Gesetze gelten. Diese der Aussagenalgebra und der Schaltalgebra gemeinsamen Gesetze bezeichnet man nach dem englischen Logiker *G. Boole* als Gesetze der Booleschen Algebra. Sie unterscheiden sich wesentlich von den Gesetzen der Algebra der Zahlen. Mit den Gesetzen der Booleschen Algebra und einigen Anwendungen befaßt sich das erste Kapitel dieses Buches.

1.1. Aussageformen

In vielen Bereichen des täglichen Lebens begegnen uns Aussageformen, ohne daß wir uns dessen bewußt werden und diesen Begriff damit in Zusammenhang bringen. Ein Beispiel dafür geben die beiden folgenden Sätze aus einem Fragebogen:
„Ich heiße. . . . . Ich bin am . . . . in , ... geboren."
    (Vorname)   (Nachname)   (Geburtstag)   (Geburtsort)
In die „Leerstellen" des Fragebogens ist einzutragen, was für die einzelne Person zutrifft.

In der Mathematik benutzt man Aussageformen wie „ . . . ist eine Primzahl" oder „ . . . ist eine ungerade Zahl". Die Leerstellen . . . geben an, an welcher Stelle des Satzes die Zahlen einzusetzen sind. In der Mathematik bevorzugt man jedoch zur Kennzeichnung solcher Plätze Buchstaben wie x und y und schreibt „x ist eine Primzahl" oder „y ist eine ungerade Zahl".

In dem Beispiel aus dem Fragebogen ist unter jeder Leerstelle vermerkt worden, was an die bezeichnete Stelle eingetragen werden soll. Für die Leerstellen x und y gibt man stattdessen die Grundmengen an, deren Elemente an die Stelle von x bzw. y gesetzt werden dürfen.

Die Kennzeichnung von Leerstellen durch Buchstaben beschränkt sich nicht auf mathematische Sachverhalte. In dem Satz „t ist eine Säugetierart" gibt t den Platz an, an den die Namen von Tierarten einzusetzen sind. Die Grundmenge ist die Menge der Tierarten.

Alle Zeichen wie . . . , x, y, t nennt man Leerstellen, Platzhalter oder Variable.

> *Definition:* Eine Variable (Leerstelle, Platzhalter) ist ein Zeichen, das eine Stelle angibt, an der Elemente einer vorgegebenen Grundmenge eingesetzt werden können.[1])

---

[1]) Für nachdenkliche Leser: In einem Satz wie „t ist eine Säugetierart" läßt sich für die Variable t genau genommen nur der Name einer Tierart einsetzen. Dadurch erhält man eine Aussage über die Tierart selbst. Bei dem Satz „x ist eine Primzahl" sagt man einfacher, daß für x eine Zahl und nicht der Name einer Zahl eingesetzt wird. Die Sprechweise ist eine Frage der Unterscheidung zwischen dem Namen eines Objekts und dem Objekt selbst. Diese Unterscheidung ist vielfach von Bedeutung. Da sie für unsere Betrachtungen unerheblich ist, werden wir meist die einfachere Sprechweise wählen.

Für den Satz „der Rhein fließt durch das Bundesland x" soll als Grundmenge die Menge B der Bundesländer der BRD gewählt werden. Es ist B = { Baden-Württemberg, Bayern, Bremen, Hamburg, Hessen, Niedersachsen, Nordrhein-Westfalen, Rheinland-Pfalz, Saarland, Schleswig-Holstein }. Setzt man an die Stelle der Variable x des Satzes „der Rhein fließt durch das Bundesland x" nacheinander die Namen aller Bundesländer, d.h. aller Elemente der Menge B, ein, so erhält man:

 (1) Der Rhein fließt durch Baden-Württemberg.
 (2) Der Rhein fließt durch Bayern.
 (3) Der Rhein fließt durch Bremen.
 (4) Der Rhein fließt durch Hamburg.
 (5) Der Rhein fließt durch Hessen.
 (6) Der Rhein fließt durch Niedersachsen.
 (7) Der Rhein fließt durch Nordrhein-Westfalen.
 (8) Der Rhein fließt durch Rheinland-Pfalz.
 (9) Der Rhein fließt durch das Saarland.
(10) Der Rhein fließt durch Schleswig-Holstein.

Von diesen zehn Sätzen ist der erste, der siebente und der achte Satz wahr, während die übrigen Sätze falsch sind.

Sätze, die einen Sachverhalt ausdrücken, der entweder als falsch oder als wahr beurteilt werden kann, bezeichnet man als Aussagen. Die eben genannten Sätze sind also Aussagen.

Der Begriff „Aussage" soll an den folgenden Beispielen näher erläutert werden:

(1)   2 ist kleiner als 3.
(2)   7 ist eine Primzahl.
(3)   Wann bist Du in Stuttgart?
(4)   Der Adler ist ein Säugetier.
(5)   Hamburg ist eine Stadt an der Elbe.
(6)   Fahre bitte nach Köln!

Der erste Satz „2 ist kleiner als 3" drückt einen Sachverhalt aus, der aufgrund allgemeiner Kenntnisse über die natürlichen Zahlen und ihrer Größenbeziehung als zutreffend anzusehen ist. Der Satz ist eine wahre Aussage. Ebenso ist der Satz „7 ist eine Primzahl" eine Aussage, die wahr ist. Der vierte Satz gibt einen Sachverhalt wieder, der nicht zutrifft; der Satz ist eine falsche Aussage. Der fünfte Satz stellt wieder eine wahre Aussage dar. Fragen und Befehle wie der dritte und der sechste Satz stellen keine Aussagen dar, da sie weder einen falschen noch einen wahren Sachverhalt zum Ausdruck bringen.

„falsch" (f) und „wahr" (w) bezeichnet man als die Wahrheitswerte von Aussagen. Aussagen sind somit Sätze, denen man entweder den Wahrheitswert f oder den Wahrheitswert w zuordnen kann.

Aussagen stehen in enger Beziehung zu den Sätzen, die wie die ersten Beispiele Variable enthalten. Aus dem Satz „der Rhein fließt durch das Bundesland x" erhält man erst eine Aussage, wenn man für die Variable x den Namen eines Bundeslandes einsetzt. Der Satz „der Rhein fließt durch das Bundesland x" selbst ist offenbar keine Aussage. Solche Sätze, die noch eine Variable enthalten, bezeichnet man als *Aussageformen*.

Die Sätze „x ist eine Primzahl", „n ist eine ungerade Zahl", „t ist eine Säugetierart" sind Aussageformen mit nur einer Variablen. Aussageformen können aber auch mehrere Variable enthalten. Eine Aussageform mit zwei Variablen x und y ist z.B. der Satz „x + y = 3". Aus dieser Gleichung erhält man eine wahre Aussage etwa dadurch, daß man für x die Zahl 1 und für y die Zahl 2 einsetzt. Es müssen stets beide Variablen durch Zahlen ersetzt werden, um aus der Aussageform „x + y = 3" eine Aussage zu erhalten. Man sagt, daß das Variablenpaar (x; y) durch ein Zahlenpaar ersetzt werden muß. Das Einsetzen des Zahlenpaares (1; 2) in die Aussageform x + y = 3 führt auf die wahre Aussage 1 + 2 = 3. Eine falsche Aussage entsteht, wenn beide Variablen beispielsweise durch die Zahl 2 ersetzt werden, wenn also für (x; y) das Zahlenpaar (2; 2) eingesetzt wird. Die Grundmenge einer Aussageform mit zwei Variablen ist stets eine Menge von Paaren, eine Paarmenge.

In der Aussageform $(x + y)^2 = x^2 + 2xy + y^2$ treten die beiden Variablen x und y mehrfach auf. In solchen Fällen ist darauf zu achten, daß für gleich benannte Variablen stets auch dieselben Zahlen eingesetzt werden. Mit dem Zahlenpaar (3; 4) erhält man dann die wahre Aussage $(3 + 4)^2 = 3^2 + 2 \cdot 3 \cdot 4 + 4^2$.

Ein Merkmal für eine Aussageform ist das Vorhandensein einer Variablen. Dadurch allein ist eine Aussageform aber noch nicht vollständig gekennzeichnet. Auch der Satz „zähle bis n" enthält eine Variable, für die natürliche Zahlen eingesetzt werden können. Mit der Zahl 100 erhält man beispielsweise den Satz „zähle bis 100", der eine Aufforderung, aber keine Aussage ist. Aus einer Aussageform muß aber beim Einsetzen in die Leerstellen eine Aussage entstehen.

> *Definition:* Eine Aussageform mit einer Variable ist ein Satz mit der folgenden Eigenschaft:
> Ersetzt man die Variable durch Elemente der zugehörigen Grundmenge, so erhält man aus dem Satz eine Aussage.
> Eine Aussageform mit zwei Variablen ist ein Satz mit der folgenden Eigenschaft:
> Ersetzt man das Variablenpaar durch Elemente der Grundmenge (Paare einer Paarmenge), so erhält man aus dem Satz eine Aussage.

Die Definition einer Aussageform macht deutlich, wie sie für eine Aussageform mit n Variablen verallgemeinert werden kann. Aussageformen sollen mit großen Buchstaben unter Angabe der Variablen bezeichnet werden: A(x), B(x, y), ... Für jede Aussageform ist die zugehörige Grundmenge festzulegen.

Setzt man nacheinander alle natürlichen Zahlen für die Variable x der Aussageform P(x) „x ist eine Primzahl" ein, so erhält man für die Zahlen 2, 3, 5, 7, ... wahre Aussagen. $\{2, 3, 5, 7, 11, 13, ...\}$ ist also die Menge aller Zahlen, für die man aus P(x) eine wahre Aussage erhält. Diese Menge bezeichnet man als *Lösungsmenge* der Aussageform.

> *Definition:* Die Lösungsmenge A der Aussageform A(x) bezüglich der Grundmenge G ist die Menge aller Elemente aus G, für die die Aussageform in eine wahre Aussage übergeht. Dafür schreibt man kurz: $A = \{x \mid A(x)\}_G$.

Zur Bestimmung der Lösungsmenge einer Aussageform muß die Grundmenge bekannt sein. Wählt man z.B. für die Aussageform U(x) „x ist eine ungerade Zahl" die Menge der natürlichen Zahlen als Grundmenge, so erhält man als Lösungsmenge die Menge $U_1 = \{1, 3, 5, 7,$ $9, 11, 13, \ldots\}$. Mit der Menge P der Primzahlen als Grundmenge ergibt sich dagegen die Menge $U_2 = \{3, 5, 7, 11, 13, \ldots\}$, die von U_1 verschieden ist.

Die Lösungsmenge einer Aussageform ist stets eine Teilmenge der zugehörigen Grundmenge. Das läßt sich in einem Mengendiagramm veranschaulichen. Die bekanntesten Mengendiagramme sind das Venn- und das Karnaugh-Diagramm. In beiden Diagrammen wird die Grundmenge G meist durch ein Rechteck dargestellt.

Im Venndiagramm ist die Teilmenge A durch die schraffierte, ovale Fläche dargestellt (Bild 1.1.a), im Karnaughdiagramm wird die Teilmenge A durch ein quadratisches „Feld" veranschaulicht (Bild 1.1.b).

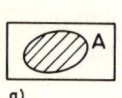

a)

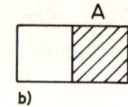

b)

A(x)

f | w

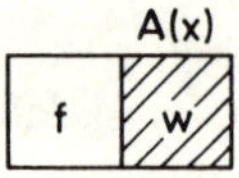

Bild 1.2

Das Karnaugh-Diagramm für die Aussageform A(x) zeigt den Bereich, in dem man für A(x) wahre Aussagen erhält.

Bild 1.1

Im Venn- und im Karnaugh-Diagramm wird die Teilmenge A durch eine schraffierte Fläche veranschaulicht.

Wegen des engen Zusammenhangs zwischen einer Aussageform und ihrer Lösungsmenge kann man auch den Aussageformen Diagramme zuordnen. Bild 1.2 zeigt das Karnaugh-Diagramm für eine Aussageform A(x). Das Diagramm sagt folgendes aus: Für alle Elemente, die sich im schraffierten, mit A(x) bezeichneten Feld des Diagramms befinden, ergibt die Aussageform eine wahre Aussage. Diesen Sachverhalt soll der Buchstabe w in dem Feld noch hervorheben.

In Bild 1.1 tritt außer der schraffierten Teilfläche eine nicht-schraffierte Fläche auf. Dieses Flächenstück veranschaulicht die Menge aller Elemente aus der Grundmenge G, die nicht zur Menge A gehören. Diese Menge heißt „Komplementmenge" zu A bezüglich der Grundmenge G; sie wird mit $\overline{A}$ bezeichnet und durch die Gleichung $\overline{A} = \{x \mid x \notin A\}_G$ definiert.

Auch im Karnaugh-Diagramm für die Aussageform A(x) bleibt ein Feld unschraffiert (Bild 1.2). Es soll am Beispiel der Menge $A = \{x \mid$ der Rhein fließt durch das Bundesland $x\}_B$ mit der Grundmenge B aller Bundesländer der BRD gezeigt werden, welche Aussageform durch das Feld veranschaulicht wird und damit die Komplementmenge $\overline{A}$ als Lösungsmenge besitzt. Die Menge $A = \{$Baden-Württemberg, Nordrhein-Westfalen, Rheinland-Pfalz$\}$ hat als Komplementmenge $\overline{A} = \{$Bayern, Bremen, Hamburg, Hessen, Niedersachsen, Saarland, Schleswig-Holstein$\}$. Die Aussageform, die die Komplementmenge $\overline{A}$ als Lösungsmenge besitzt, ist „der Rhein fließt nicht durch das Bundesland x". Diese Aussageform, die mit $\overline{A(x)}$ bezeichnet werden soll, ist die Verneinung oder das *Negat* der Aussageform A(x) „der Rhein fließt durch das Bundesland x".

Das Negat der Aussageform P(x) „x ist eine Primzahl" ist $\overline{P(x)}$ „x ist keine Primzahl". Wie die weiteren Beispiele zeigen, muß man bei der Formulierung des Negats von Aussageformen und Aussagen etwas vorsichtig sein.

4

Für die Aussageform U(x) „x ist eine ungerade Zahl" ergibt sich das Negat $\overline{U(x)}$ „x ist eine gerade Zahl" nur dann, wenn man sich auf die Menge der ganzen Zahlen als Grundmenge beschränkt. Wählt man als Grundmenge die Menge ℚ der rationalen Zahlen, dann sind die Aussageformen „x ist eine gerade Zahl" und „x ist keine ungerade Zahl" nicht mehr gleichwertig. Für die Zahl $\frac{1}{2}$ erhält man aus der ersten Aussageform eine falsche Aussage, während die Aussage „$\frac{1}{2}$ ist keine ungerade Zahl" den Wahrheitswert wahr besitzt.

Das Negat der Aussage „das Wasser ist kalt" kann nicht heißen „das Wasser ist lauwarm" oder „das Wasser ist warm". Es gibt nämlich viele Möglichkeiten, die Temperatur des Wassers zu beschreiben: eiskalt, kalt, lauwarm, warm, heiß, siedend heiß. Das Negat lautet „das Wasser ist nicht kalt". Ähnlich liegt der Fall bei Aussagen wie „Klaus ist älter als 15 Jahre". Das Negat „Klaus ist nicht älter als 15 Jahre" läßt es zu, daß Klaus 15 Jahre alt oder jünger ist.

Die Beispiele machen deutlich, wie wichtig es ist, das Negat einer Aussageform sorgfältig zu definieren. Dazu sollen vorbereitend die beiden Aussageformen A(x) „der Rhein fließt durch das Bundesland x" und $\overline{A(x)}$ „der Rhein fließt nicht durch das Bundesland x" betrachtet werden. In Tabelle 1.1 werden die Wahrheitswerte der Aussagen, die sich aus den Aussageformen ergeben, bestimmt.

Tabelle 1.1

Elemente der Grundmenge	Wahrheitswert der Aussage, die sich ergibt aus der Aussageform	
	A(x): „der Rhein fließt durch das Bundesland x"	$\overline{A(x)}$: „der Rhein fließt nicht durch das Bundesland x"
Bayern	falsch	wahr
Baden-Württemberg	wahr	falsch
Bremen	falsch	wahr
Hamburg	falsch	wahr
Hessen	falsch	wahr
Niedersachsen	falsch	wahr
Nordrhein-Westfalen	wahr	falsch
Rheinland-Pfalz	wahr	falsch
Saarland	falsch	wahr
Schleswig-Holstein	falsch	wahr

Unabhängig davon, welches Bundesland für die Variable x der beiden Aussageformen A(x) und $\overline{A(x)}$ eingesetzt wird, erhält man stets Aussagen mit „entgegengesetzten" Wahrheitswerten. Diese Tatsache kann dazu ausgenutzt werden, die Tabelle wesentlich zu verkürzen.

Tabelle 1.2

Wahrheitswert der Aussage für die Aussageform	
A(x)	$\overline{A(x)}$
falsch	wahr
wahr	falsch

Daß sich aus einer Aussageform A(x) und ihrem Negat $\overline{A(x)}$ stets Aussagen mit entgegengesetzten Wahrheitswerten ergeben, ist offenbar eine charakteristische Eigenschaft des Negats einer Aussageform. Auf das Element der Grundmenge, durch das die Variable jeweils ersetzt wird, und die entstehende Einzelaussage kommt es dabei nicht mehr an. Entscheidend ist allein die Beziehung zwischen den Wahrheitswerten.

Definition: Das Negat einer Aussageform hat folgende Eigenschaften:
1. Das Negat einer Aussageform ist wieder eine Aussageform.
2. Dem Negat $\overline{A(x)}$ wird der Wahrheitswert f zugeordnet, wenn A(x) den Wahrheitswert w erhält, und der Wahrheitswert w, wenn A(x) den Wahrheitswert f erhält.

Diese Definition ergibt die in der nebenstehenden Tabelle angegebene *Wahrheitstafel der Negation.*

Tabelle 1.3

A(x)	$\overline{A(x)}$
f	w
w	f

Mit jeder Aussageform läßt sich auch ihr Negat in einem Diagramm veranschaulichen. In Bild 1.3 sind die Karnaugh-Diagramme für die beiden Fälle gezeichnet, daß A(x) wahr und $\overline{A(x)}$ falsch und daß A(x) falsch und $\overline{A(x)}$ wahr sind.

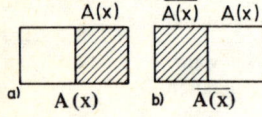

Bild 1.3

Ist für eine Ersetzung der Variable die Aussageform A(x) wahr, also ihr Negat $\overline{A(x)}$ falsch, so ergibt sich das Karnaugh-Diagramm (a). Das Karnaugh-Diagramm (b) beschreibt den Fall, daß bei einer Ersetzung A(x) falsch und $\overline{A(x)}$ wahr wird. Man nennt (a) das Karnaugh-Diagramm zu der Aussageform A(x), (b) das Karnaugh-Diagramm zu der Aussageform $\overline{A(x)}$.

Aufgabe 1.1: Bestimmen Sie für die Aussageformen mit einer Variablen geeignete Grundmengen:
(a) $x + 4 < 12$,
(b) $x^2 = 2$,
(c) $x \in \mathbf{N}$,
(d) $3 \in \mathbf{X}$.

Aufgabe 1.2: Bestimmen Sie für die Aussageformen mit zwei Variablen geeignete Grundmengen:
(a) a teilt b,
(b) g ist senkrecht zu h,
(c) x ist parallel zu y,
(d) $(1 + x)^n \geqslant 1 + n \cdot x$.

Aufgabe 1.3: Bestimmen Sie die Lösungsmengen zu folgenden Aussageformen und deren Negaten:
(a) $x^2 - 6x + 8 > 0$,
(b) $(x + 4)(x + 7) = x^2 + 10x + 28$,
(c) $x^2 - 4 < 5x + 2$.
Als Grundmenge G wähle man 1. $G_1 = \{1, 2, 3, 4\}$ und 2. $G_2 = \{0, 1, 2, 3, 4, 5\}$.

Aufgabe 1.4: Geben Sie für die folgenden Aussagen die Negate an:
Der Berg ist hoch.
Das Messer ist scharf.
Der Ball ist grün.
14 ist eine Primzahl.
Jede ganze Zahl ist positiv.
Alle Tiere, die fliegen können, sind Vögel.
Alle Wege führen nach Rom.
Es gibt Pflanzen, die Fleisch fressen.

1.2. Logische Verknüpfungen

Im Abschnitt 1.1 wurde gezeigt, daß durch Negation aus einer gegebenen Aussageform eine neue Aussageform entsteht. In diesem Abschnitt sollen nun die beiden wichtigsten Verknüpfungen behandelt werden, mit denen man zwei Aussageformen zu einer neuen Aussageform verknüpfen kann: die UND-Verknüpfung und die ODER-Verknüpfung.

Wie man aus zwei Aussageformen eine neue Aussageform erhalten kann, soll zunächst an zwei Beispielen gezeigt werden.

Für die Aussageformen $A_1(x)$ „$x - 2 = 0$" und $B_1(x)$ „$x - 4 = 0$" sei die Grundmenge die Menge der ganzen Zahlen. Den beiden Aussageformen kann die Aussageform $C_1(x)$ „$(x - 2)(x - 4) = 0$" zugeordnet werden. Ein Satz der Mathematik gibt an, welche Zahlen für x einzusetzen sind, damit man aus $C_1(x)$ eine wahre Aussage erhält: Ein Produkt aus zwei Faktoren ist genau dann gleich Null, wenn der erste *oder* der zweite Faktor gleich Null ist. Für das Beispiel bedeutet das: „$(x - 2)(x - 4) = 0$" ist genau dann wahr, wenn „$(x - 2) = 0$ *oder* $(x - 4) = 0$" wahr ist. Deshalb kann die Aussageform $C_1(x)$ als das Ergebnis der *ODER-Verknüpfung* der Aussageformen $A_1(x)$ und $B_1(x)$ aufgefaßt werden.

Die Variable x der Aussageformen $A_2(x)$ „x ist ein Rechteck" und $B_2(x)$ „x ist ein Rhombus" sei aus der Grundmenge der Vierecke zu nehmen. Den beiden Aussageformen läßt sich die Aussageform $C_2(x)$ „x ist ein Quadrat" zuordnen. Das Quadrat ist ein Viereck, das zugleich ein Rechteck *und* ein Rhombus ist. Für ein Viereck ergibt die Aussageform $C_2(x)$ „x ist ein Quadrat" genau dann eine wahre Aussage, wenn aus „$A_2(x)$ *und* $B_2(x)$" wahre Aussagen entstehen. Damit kann $C_2(x)$ als das Ergebnis der *UND-Verknüpfung* der Aussageformen $A_2(x)$ und $B_2(x)$ aufgefaßt werden.

Im folgenden sollen die beiden genannten logischen Verknüpfungen allgemein definiert werden. Wir beginnen mit der UND-Verknüpfung oder *Konjunktion* und untersuchen zunächst ein einfaches Beispiel.

Als Aussageformen wählen wir $A(x)$ „x liegt in Europa" und $B(x)$ „x gehört der NATO an". Für beide Aussageformen sei die Grundmenge die Menge der Staaten der Erde. Aus den Aussageformen $A(x)$ und $B(x)$ setzt man mit Hilfe des Wortes „und" die Aussageform $A(x)$ *und* $B(x)$ „x liegt in Europa *und* gehört der NATO an" zusammen. Die Aussageform kann auch durch folgenden Satz ausgedrückt werden: „x ist ein europäischer NATO-Staat". Die Wahrheitswerte der Aussagen, die sich aus dieser Aussageform ergeben, werden in Tabelle 1.4 ermittelt.

7

Tabelle 1.4

| Staat | Wahrheitswerte für die Aussagen der Aussageformen | | |
	A(x) „x liegt in Europa"	B(x) „x gehört der NATO an"	A(x) *und* B(x) „x ist ein europäischer NATO-Staat"
Argentinien	falsch	falsch	falsch
Australien	falsch	falsch	falsch
Kanada	falsch	wahr	falsch
USA	falsch	wahr	falsch
Österreich	wahr	falsch	falsch
Schweiz	wahr	falsch	falsch
Belgien	wahr	wahr	wahr
Dänemark	wahr	wahr	wahr

Setzt man für x die Namen der Staaten Belgien, Bundesrepublik Deutschland, Dänemark oder Norwegen ein, so ergeben sich für die zusammengesetzte Aussageform „A(x) *und* B(x)" wahre Aussagen. Für diese Staaten sind auch die Aussagen wahr, die beim Einsetzen in die Aussageformen A(x) und B(x) entstehen. Aus der Aussageform „A(x) *und* B(x)" entstehen wahre Aussagen genau dann, wenn auch die Aussagen für A(x) und B(x) beide wahr sind. Dieser Sachverhalt ist unabhängig vom einzelnen Element der Grundmenge, das für x eingesetzt wird. Deshalb kann die Tabelle vereinfacht werden, indem man sich auf die Angabe der Wahrheitswerte beschränkt.

Werden bei irgendeiner Ersetzung die Aussageformen A(x) und B(x) beide zu falschen Aussagen, so wird das Verknüpfungsergebnis „A(x) *und* B(x)" ebenfalls zu einer falschen Aussage. Anders ausgedrückt: Wird den Aussageformen A(x) und B(x) je der Wahrheitswert f zugeordnet, so muß dem Verknüpfungsergebnis „A(x) *und* B(x)" ebenso der Wahrheitswert f zugeordnet werden. Dieser Sachverhalt wird durch die erste Zeile von Tabelle 1.5 beschrieben. Entsprechend werden die anderen Zeilen gedeutet.

Tabelle 1.5

A(x) „x liegt in Europa"	B(x) „x gehört der NATO an"	A(x) *und* B(x) „x ist ein europäischer NATO-Staat"
falsch	falsch	falsch
falsch	wahr	falsch
wahr	falsch	falsch
wahr	wahr	wahr

Ausgehend von diesem Beispiel soll das Konjunkt, das Ergebnis der Konjunktion zweier Aussageformen, definiert werden. Für die Konjunktion verwendet man das Zeichen $\wedge$ (gelesen: und bzw. et).

Definition: Das Konjunkt A(x) $\wedge$ B(x) zweier Aussageformen A(x) und B(x) ist durch folgende Eigenschaften definiert:
1. Das Konjunkt zweier Aussageformen ist wieder eine Aussageform.
2. Das Konjunkt A(x) $\wedge$ B(x) erhält den Wahrheitswert w, wenn beiden Aussageformen A(x) und B(x) der Wahrheitswert w zugeordnet wird. In allen anderen Fällen erhält das Konjunkt den Wahrheitswert f.

Diese Definition ergibt die in Tabelle 1.6 angegebene *Wahrheitstafel der Konjunktion*.

Tabelle 1.6

A(x)	B(x)	A(x) $\wedge$ B(x)
f	f	f
f	w	f
w	f	f
w	w	w

Bei der Aufstellung einer Wahrheitstafel ist darauf zu achten, daß alle möglichen Kombinationen von Wahrheitswerten berücksichtigt werden. Daß es außer den vier in der Wahrheitstafel enthaltenen Fällen keine weiteren gibt, kann man sich mit Hilfe eines *Baumdiagramms* überlegen (Bild 1.4). Zwei Wahrheitswerte können der ersten Aussageform zugeordnet werden. Diese beiden Möglichkeiten werden im Baumdiagramm durch zwei Äste angedeutet. Ein nach oben gerichteter Ast gibt an, daß der Aussageform der Wahrheitswert f, ein nach unten gerichteter Ast gibt an, daß ihr der Wahrheitswert w zugeordnet wird. Bei jeder der beiden Möglichkeiten können auch der zweiten Aussageform zwei Wahrheitswerte zugeordnet werden. Das wird entsprechend durch die Verzweigung in jeweils zwei weitere Äste veranschaulicht. In Bild 1.4 ist am Ende eines jeden Astes die zugehörige Wahrheitswertkombination aufgeschrieben. Sie ergibt sich, wenn man die Wege vom Startpunkt zu ihren Endpunkten verfolgt. Von oben nach unten gelesen, erhält man die Reihenfolge der Wahrheitswertkombinationen, die bereits in der Wahrheitstafel der Konjunktion verwendet worden ist.

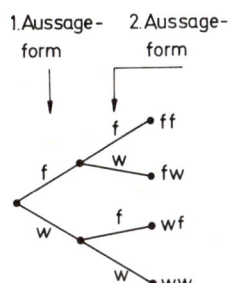

1. Aussage-
form

2. Aussage-
form

Bild 1.4
Das Baumdiagramm gibt eine feste Reihenfolge für die Wertekombinationen an und sichert zugleich die Vollzähligkeit.

Aus dem Konjunkt A(x) $\wedge$ B(x) entsteht genau dann eine wahre Aussage, wenn man sowohl aus A(x) als auch aus B(x) eine wahre Aussage erhält. Das Element, das für die Variable x der Aussageformen gesetzt wird, gehört also zu der Lösungsmenge A der Aussageform A(x) *und* zu der Lösungsmenge B der Aussageform B(x), also zu deren *Schnittmenge* A $\cap$ B. Damit stellt sich heraus: Die Lösungsmenge des Konjunkts A(x) $\wedge$ B(x) zweier Aussageformen A(x) und B(x) ist die Schnittmenge A $\cap$ B der zugehörigen Lösungsmengen A und B; es gilt

$$\{x \mid A(x) \wedge B(x)\}_G = A \cap B.$$

Der Zusammenhang zwischen der Schnittmenge und dem Konjunkt zweier Aussageformen kann dazu genutzt werden, auch das Konjunkt zweier Aussageformen durch Diagramme zu veranschaulichen. Bild 1.5 zeigt das Venn- und das Karnaugh-Diagramm der Schnittmenge A ∩ B. Für das Karnaugh-Diagramm, das in dieser Darstellung das wichtigste Arbeitsmittel ist, treffen wir hinsichtlich der Lage der Flächen für die einzelnen Mengen die folgende Vereinbarung: Die Menge A wird durch die rechte Hälfte und die Menge B durch die untere Hälfte der Grundfläche dargestellt. Die Grundfläche wird so gewählt, daß die vier entstehenden Felder quadratisch sind.

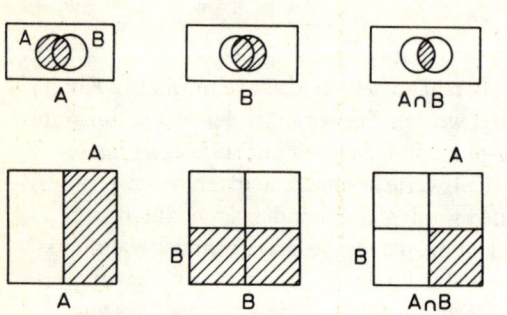

Bild 1.5
Die Schnittmenge A ∩ B wird durch das Flächenstück des Venndiagramms dargestellt, das zu beiden Teilflächen gehört.

Bild 1.6
Karnaugh-Diagramm der Schnittmenge A ∩ B

Das Karnaugh-Diagramm für das Konjunkt A(x) ∧ B(x) zeigt Bild 1.6. In diesem Diagramm sind zusätzlich noch die Wahrheitswerte eingetragen worden, die den Aussageformen A(x) und B(x) in den verschiedenen Feldern zugeordnet werden. Z.B. wird im unteren linken Feld, das mit fw bezeichnet ist, der Aussageform A(x) der Wahrheitswert f und der Aussageform B(x) der Wahrheitswert w zugeordnet. Im unteren rechten Feld, das mit der Wertekombination ww bezeichnet ist, erhält auch das Konjunkt A(x) ∧ B(x) den Wahrheitswert w.

Auch das Karnaugh-Diagramm von Bild 1.7 soll ein Konjunkt zweier Aussageformen darstellen. Im linken unteren Feld, also genau für die Wertekombination fw, erhält die untenstehende Aussageform den Wahrheitswert w. Das bedeutet: Der ersten Aussageform wird in der linken Hälfte und der zweiten Aussageform in der unteren Hälfte der Wahrheitswert w zugeordnet. Das Konjunkt wird also aus den Aussageformen $\overline{A(x)}$ und B(x) gebildet.

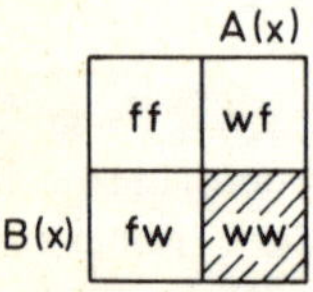

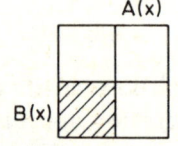

Bild 1.7
Im Karnaugh-Diagramm für das Konjunkt A (x) ∧ B (x) erscheint das untere rechte Feld schraffiert.

Bild 1.8
Das Karnaugh-Diagramm für das Konjunkt A (x) ∩ B (x)

Wie bei der Konjunktion soll auch die Definition der ODER-Verknüpfung oder *Adjunktion* durch ein einfaches Beispiel vorbereitet werden. Für die Adjunktion verwendet man das Zeichen ∨ (gelesen: oder bzw. vel).

Auf der Grundmenge G = {1, 2, 3, . . . , 7, 8} betrachten wir die Aussageformen P(x) „x ist eine Primzahl" und U(x) „x ist eine ungerade Zahl". Das Adjunkt, das Ergebnis der Adjunktion der beiden Aussageformen, ist die Aussageform P(x) ∨ U(x) „x ist eine Primzahl oder eine ungerade Zahl". In Tabelle 1.7 werden die Wahrheitswerte der Aussagen, die sich aus den Aussageformen ergeben, ermittelt.

Tabelle 1.7

Element von G	Wahrheitswert der Aussage für die Aussageform		
	P(x) „x ist eine Primzahl"	U(x) „x ist eine ungerade Zahl"	P(x) ∨ U(x) „x ist eine Primzahl oder eine ungerade Zahl"
1	falsch	wahr	wahr
2	wahr	falsch	wahr
3	wahr	wahr	wahr
4	falsch	falsch	falsch
5	wahr	wahr	wahr
6	falsch	falsch	falsch
7	wahr	wahr	wahr
8	falsch	falsch	falsch

Zunächst vereinfachen wir die Tabelle, indem wir gleichartige Zeilen, in denen den Aussageformen jeweils dieselben Wahrheitswerte zugeordnet werden, zusammenfassen (Tabelle 1.8).

Tabelle 1.8

Zahl	P(x)	U(x)	P(x) ∨ U(x)
4, 6, 8	falsch	falsch	falsch
1	falsch	wahr	wahr
2	wahr	falsch	wahr
3, 5, 7	wahr	wahr	wahr

Innerhalb einer Zeile ist es gleichgültig, welche Zahl der Grundmenge für die Variable x eingesetzt wird. Die Kenntnis der Wahrheitswerte, die den Aussageformen P(x) und U(x) zugeordnet werden, genügt zur Bestimmung des Wahrheitswerts für das Adjunkt P(x) ∨ U(x): Dem Adjunkt wird der Wahrheitswert w zugeordnet, wenn der Aussageform P(x) *oder* der Aussageform U(x) der Wahrheitswert w zugeordnet wird.

Definition: Das Adjunkt A(x) ∨ B(x) zweier Aussageformen A(x) und B(x) ist durch folgende Eigenschaften definiert:
1. Das Adjunkt zweier Aussageformen ist wieder eine Aussageform.
2. Das Adjunkt A(x) ∨ B(x) erhält den Wahrheitswert f, wenn beiden Aussageformen A(x) und B(x) der Wahrheitswert f zugeordnet wird. In allen anderen Fällen erhält das Adjunkt den Wahrheitswert w.

Tabelle 1.9

Diese Definition ergibt die in der nebenstehenden Tabelle angegebene *Wahrheitstafel der Adjunktion.*

A(x)	B(x)	A(x) ∨ B(x)
f	f	f
f	w	w
w	f	w
w	w	w

11

Die ODER-Verknüpfung hat eine Besonderheit, die in der Umgangssprache nicht immer deutlich in Erscheinung tritt. In dem genannten Beispiel hat die Aussage „3 ist eine Primzahl oder eine ungerade Zahl" den Wahrheitswert w. Beide Teilaussagen sind wahr. Das so verwendete ODER wird als das einschließende ODER bezeichnet. Anders als im einschließenden Sinn wird das ODER in der folgenden Aussageform benutzt: „x ist eine gerade oder eine ungerade Zahl". In diesem Satz soll zum Ausdruck gebracht werden, daß eine Zahl der Grundmenge nicht zugleich gerade und ungerade sein kann. Das gleichseitige Zutreffen beider Eigenschaften ist ausgeschlossen. Das so verwendete ODER wird als ausschließendes ODER bezeichnet. Es wird deutlicher als ENTWEDER-ODER ausgesprochen: „x ist entweder eine gerade oder eine ungerade Zahl".

Aus dem Adjunkt $A(x) \vee B(x)$ entsteht genau dann eine wahre Aussage, wenn man aus $A(x)$ oder aus $B(x)$ eine wahre Aussage erhält. Das Element, das dabei für die Variable x eingesetzt wird, gehört zu der Lösungsmenge A der Aussageform $A(x)$ *oder* zu der Lösungsmenge B der Aussageform $B(x)$, also zur Vereinigungsmenge $A \cup B$. Ergibt sich aus dem Adjunkt $A(x) \vee B(x)$ für ein Element eine falsche Aussage, dann gehört es nicht zu $A \cup B$. Daher gilt: Die Lösungsmenge des Adjunkts zweier Aussageformen $A(x)$ und $B(x)$ ist die Vereinigungsmenge der zugehörigen Lösungsmengen A und B:

$$\{ x \mid A(x) \vee B(x) \}_G = A \cup B \, .$$

Bild 1.8 zeigt das Venn- und das Karnaugh-Diagramm für die Vereinigungsmenge $A \cup B$ und das Karnaugh-Diagramm für das Adjunkt $A(x) \vee B(x)$.

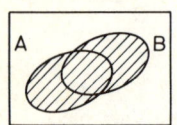 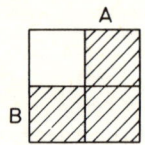 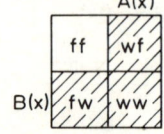

Bild 1.9
Venn- und Karnaugh-Diagramm für die
Vereinigungsmenge $A \cup B$

Bild 1.10
Karnaugh-Diagramm für das
Adjunkt $A(x) \vee B(x)$ der
Aussageformen $A(x)$ und $B(x)$

Beim Karnaugh-Diagramm für das Adjunkt $A(x) \vee B(x)$ erscheint eine aus drei Feldern bestehende Fläche schraffiert. Es sind die Felder mit den Wertekombinationen fw, wf und ww, weil bei diesen dem Adjunkt der Wahrheitswert w zugeordnet wird.

Bei der Untersuchung des Negats $\overline{A(x)}$, des Konjunkts $A(x) \wedge B(x)$ und des Adjunkts $A(x) \vee B(x)$ wurde deutlich, daß die diesen Aussageformen zugeordneten Wahrheitswerte allein von denen für $A(x)$ und $B(x)$ abhängen. Deshalb war es möglich, sich bei allen Wahrheitstafeln auf die Angabe der Wahrheitswerte f und w zu beschränken. In den nächsten Abschnitten wird gezeigt, daß mit diesen Wahrheitswerten „gerechnet" werden kann.

Aufgabe 1.5: Bestimmen Sie die Lösungsmengen zu folgenden Aussageformen:
(a) $6x + 15y = 54 \wedge 10x - 9y = -35$,
(b) $4x + 2y = 6 \wedge 2x + y = 3$,
(c) $y = x^2 + x \wedge y = x + 1$,
(d) $y = x^2 + x \wedge y = x - 1$.
Die Grundmenge für die Aussageformen sei die Menge von Paaren rationaler Zahlen.

Aufgabe 1.6: Vergleichen Sie die Lösungsmengen folgender Aussageformen:
(a)   x ist Teiler von 12 $\wedge$ x ist Teiler von 18,
(b)   x ist Teiler vom größten gemeinsamen Teiler der Zahlen 12 und 18 (ggT (12, 18)),
(c)   x ist Teiler von 12 $\vee$ x ist Teiler von 18,
(d)   x ist Teiler vom kleinsten gemeinsamen Vielfachen kgV (12, 18).

Aufgabe 1.7: $A \cap \overline{B}$ ist die Lösungsmenge der Aussageform $A(x) \cap \overline{B(x)}$ „x ist ein Element der Grundmenge, das zu A und nicht zu B gehört". Formulieren Sie ebenso die Aussageformen für die Mengen $\overline{A} \cap B$, $\overline{A} \cap \overline{B}$, $A \cap B$, $A \cup B$, $\overline{A} \cup \overline{B}$, $\overline{A} \cup \overline{B}$ und $\overline{A \cap B}$.

Aufgabe 1.8: Zeichnen Sie für jede der in Aufgabe 1.7 formulierten Aussageformen ein Karnaugh-Diagramm. Welche Aussageformen haben gleiche Karnaugh-Diagramme?

Aufgabe 1.9: Man gebe für die folgenden Aussageformen die Negate an. Die Grundmengen sind in Klammern angegeben.
(a) $x > 1$ (IR),
(b) $x < -1 \vee x > 1$ (IR),
(c) $x > -1 \wedge x < 1$ (IR),
(d)   g und h sind parallel (Menge der Geraden einer Ebene),
(e)   g und h sind parallel (Menge der Geraden im Raum).
Bemerkung: Im Fall (d) gibt es für das Negat eine Formulierung, die sich auf (e) nicht übertragen läßt.

Aufgabe 1.10: Welche Wahrheitstafel hat die Verknüpfung WEDER-NOCH? Das Verknüpfungsergebnis werde mit WEDER A(x) NOCH B(x) bezeichnet. Benutzen Sie als Beispiel „x ist weder eine Primzahl noch eine ungerade Zahl", und bestimmen Sie für verschiedene Zahlen den Wahrheitswert der entstehenden Aussage.

Aufgabe 1.11: Ermitteln Sie wie in Aufgabe 1.10 die Wahrheitstafel für die Verknüpfung ENTWEDER-ODER. Das Verknüpfungsergebnis werde mit ENTWEDER A(x) ODER B(x) angegeben. Ist das Verknüpfungsergebnis ENTWEDER A(x) ODER B(x) das Negat von WEDER A(x) NOCH B(x)?

Aufgabe 1.12: Bei der logischen Verknüpfung „Subjunktion" hat das Verknüpfungsergebnis $A(x) \rightarrow B(x)$ (gelesen: wenn A(x), dann B(x)) dieselbe Wahrheitstafel wie $\overline{A(x)} \vee B(x)$.
(a)   Es sei IN die Grundmenge für die Variable x. Für welche Zahlen ergeben sich aus $A(x) \rightarrow B(x)$ „wenn x durch 3 teilbar ist, dann ist x durch 6 teilbar" falsche bzw. wahre Aussagen? Untersuchen Sie ebenso $B(x) \rightarrow A(x)$ „wenn x durch 6 teilbar ist, dann ist x durch 3 teilbar".
(b)   Zeigen Sie, daß $\overline{B(x)} \rightarrow \overline{A(x)}$ dieselbe Wahrheitstafel wie $A(x) \rightarrow B(x)$ hat.
(c)   Zeigen Sie, daß $\overline{A(x)} \rightarrow \overline{B(x)}$ nicht dieselbe Wahrheitstafel wie $A(x) \rightarrow B(x)$ hat.
(d)   Zeichnen Sie für $A(x) \rightarrow B(x)$ und $B(x) \rightarrow A(x)$ je ein Karnaugh-Diagramm und vergleichen Sie.

Aufgabe 1.13: Wie in Aufgabe 1.12 läßt sich jede Verknüpfung von zwei Aussageformen durch eine Wahrheitstafel festlegen. Wie viele verschiedene Verknüpfungen gibt es? Geben Sie für jede Verknüpfung die Wahrheitstafel an und entscheiden Sie, welche von diesen Ihnen schon bekannt sind.

1.3. Erstes Modell: Aussagenalgebra

Aus den Definitionen für die Negation einer Aussageform und den Verknüpfungsergebnissen bei Konjunktion und Adjunktion geht hervor, daß es auf die Aussageform und die jeweilige Ersetzung der Variablen nicht ankommt. Der Wahrheitswert des Ergebnisses ist allein von den Wahrheitswerten der Aussagen abhängig, die aus den zu verknüpfenden Aussageformen entstehen. Deshalb kann man bei der Behandlung der Negation, Konjunktion und Adjunktion auf Aussageformen ganz verzichten. Es werden nur noch die Wahrheitswerte f und w betrachtet.

Wir definieren über der Menge{f, w} eine Algebra, deren Verknüpfungen den Verknüpfungen der Aussageformen entsprechen sollen. Die Verknüpfungen für die Wahrheitswerte f und w sollen auch jetzt Konjunktion und Adjunktion genannt und mit den Zeichen $\wedge$ und $\vee$ geschrieben werden. Die Verwendung der gleichen Werte und Zeichen darf nicht dazu verleiten, die Verknüpfungen für die Aussageformen mit denen für die Wahrheitswerte gleichzusetzen. Im ersten Fall sind die Elemente Aussageformen und die Verknüpfungsergebnisse wieder Aussageformen. In der Aussagenalgebra sind die Elemente Wahrheitswerte, und die Verknüpfungen von Wahrheitswerten ergeben wieder Wahrheitswerte.

Da für die Negation einer Aussageform die Tabelle 1.10 gilt, legen wir für die *Negation eines Wahrheitswertes* fest:

Tabelle 1.10

A(x)	$\overline{A(x)}$
f	w
w	f

$\overline{f} = w$

$\overline{w} = f$

Entsprechend entnimmt man der Verknüpfungstafel für das Konjunkt zweier Aussageformen die Gleichungen für das *Konjunkt zweier Wahrheitswerte*:

Tabelle 1.11

A(x)	B(x)	A(x) $\wedge$ B(x)
f	f	f
f	w	f
w	f	f
w	w	w

$f \wedge f = f$

$f \wedge w = f$

$w \wedge f = f$

$w \wedge w = w$

Für das *Adjunkt zweier Wahrheitswerte* stellt man die Gleichungen nach der Tabelle 1.12 für das Adjunkt zweier Aussageformen auf:

Tabelle 1.12

A(x)	B(x)	A(x) $\vee$ B(x)
f	f	f
f	w	w
w	f	w
w	w	w

$f \vee f = f$

$f \vee w = w$

$w \vee f = w$

$w \vee w = w$

Eine wesentliche gemeinsame Eigenschaft der Konjunktion und Adjunktion von Wahrheitswerten kann schon jetzt festgestellt werden: Das Konjunkt und das Adjunkt zweier Wahrheitswerte ist stets wieder ein Wahrheitswert. Man sagt: Die Menge {f, w} ist bezüglich der Verknüpfungen $\wedge$ und $\vee$ abgeschlossen.

Die Menge {f, w} mit den Verknüpfungen $\wedge$ und $\vee$ und der Negation bezeichnet man als *Aussagenalgebra*. Als Variable für die Elemente f und w der Aussagenalgebra verwendet man kleine Buchstaben a, b, c, ... , x, y, z. Die Buchstaben f und w sind dabei ausgenommen, da sie die Elemente der Menge der Wahrheitswerte bezeichnen.

Definition: Die Aussagenalgebra ist die Menge der Wahrheitswerte { f, w } mit den zwei Verknüpfungen Konjunktion∧und Adjunktion∨und der Negation, die wie folgt festgelegt sind:

1. Die Konjunktion zweier Wahrheitswerte wird durch die Verknüpfungstafel (Tabelle 1.13) definiert.
2. Die Adjunktion zweier Wahrheitswerte wird durch die Verknüpfungstafel (Tabelle 1.14) definiert.
3. Die Negation eines Wahrheitswerts wird durch die Zuordnungstafel (Tabelle 1.15) definiert.

Tabelle 1.13

a	b	a∧b
f	f	f
f	w	f
w	f	f
w	w	w

Tabelle 1.14

a	b	a∨b
f	f	f
f	w	w
w	f	w
w	w	w

Tabelle 1.15

a	$\overline{a}$
f	w
w	f

Den Verknüpfungstafeln entnimmt man:

(1) Das Konjunkt a ∧ b ist genau dann w, wenn a = w und b = w gilt.
(2) Das Adjunkt a ∨ b ist genau dann gleich f, wenn a = f und b = f gilt.

Nach der Definition der Negation haben eine Wahrheitswertvariable und ihr Negat stets „entgegengesetzte" Wahrheitswerte.

Im Abschnitt 1.1 sind für das Negat einer Aussageform, im Abschnitt 1.2 für das Konjunkt und das Adjunkt zweier Aussageformen Karnaugh-Diagramme entwickelt worden. Diese Diagramme lassen sich einfach auf das Negat $\overline{a}$ der Wahrheitswertvariablen a sowie auf das Konjunkt a ∧ b und das Adjunkt a ∨ b zweier Wahrheitswertvariablen a und b übertragen.

Bild 1.11 zeigt, wie die Wahrheitswerte in einem Karnaugh-Diagramm für zwei Variable stets verteilt sein sollen. Für die Variable a wird der Wahrheitswert w in den rechten Feldern und der Wahrheitswert f in den linken Feldern eingetragen. Für b steht der Wahrheitswert w in der unteren Hälfte und der Wahrheitswert f in der oberen Hälfte des Karnaugh-Diagramms. Das gilt für alle Karnaugh-Diagramme, die wir hier verwenden werden. Zur Darstellung von Wahrheitswertvariablen, ihren Negaten, Konjunkten und Adjunkten mit Hilfe von Karnaugh-Diagrammen werden dann alle diejenigen Felder schraffiert, in denen sich bei der festgelegten Verteilung der Wahrheitswert w ergibt.

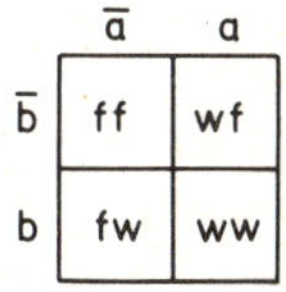

Bild 1.11
Aufbau des Karnaugh-Diagramms. Jedem
Feld wird eine Wertekombination zugeordnet.

	$\overline{a}$	a
$\overline{b}$	ff	wf
b	fw	ww

Die Karnaugh-Diagramme für a ∧ b und a ∨ b sollen näher erläutert werden. In dem Diagramm für a ∧ b ist das untere rechte Feld schraffiert. In ihm steht für das Variablenpaar (a, b) die Wertekombination ww, und es gilt w ∧ w = w. Für die Wertekombinationen der anderen Felder ist das Konjunkt a ∧ b = f, so daß diese Felder unschraffiert bleiben. Für das Adjunkt a ∨ b gilt a ∨ b = f genau dann, wenn a = f und b = f ist. Deshalb bleibt im Karnaugh-Diagramm für a ∨ b nur das obere linke Feld unschraffiert.

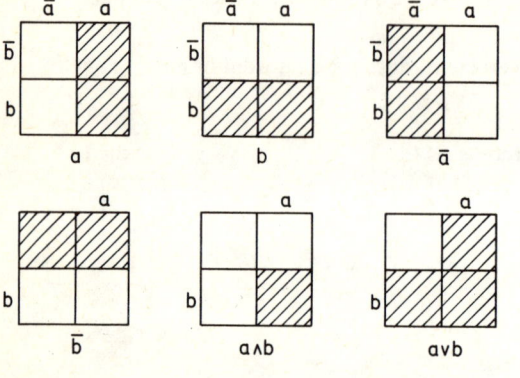

Bild 1.12
Karnaugh-Diagramme für a, b, $\bar{a}$, $\bar{b}$, a ∧ b und a ∨ b. Im Karnaugh-Diagramm erscheinen diejenigen Felder schraffiert, für deren Wertekombination sich der Wahrheitswert w ergibt.

Eine andere Möglichkeit, ein Karnaugh-Diagramm herzustellen, soll an dem folgenden Beispiel erläutert werden. Es soll das Diagramm für das Konjunkt $\bar{a}$ ∧ b aus dem Karnaugh-Diagramm des Negats $\bar{a}$ und dem der Variablen b entwickelt werden. Bild 1.13 zeigt die drei Schritte der Entwicklung:

1. Schritt: Schraffieren der Felder, in denen $\bar{a}$ = w gilt.
2. Schritt: Schraffieren der Felder, in denen b = w gilt.
3. Schritt: In dem für $\bar{a}$ und b schraffierten Feld gilt $\bar{a}$ ∧ b = w.

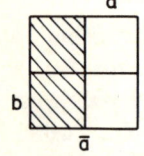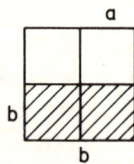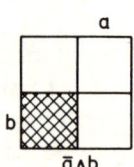

Bild 1.13
Das Karnaugh-Diagramm für $\bar{a}$ ∧ b läßt sich in drei Schritten entwickeln.

Aufgabe 1.14: Berechnen Sie:

$w \wedge \bar{f}$, $\quad\quad\quad f \wedge f$, $\quad\quad\quad \bar{w} \wedge w$, $\quad\quad\quad f \vee w$,

$\bar{w} \vee f$, $\quad\quad\quad w \wedge f$, $\quad\quad\quad \bar{f} \vee w$, $\quad\quad\quad w \wedge w$.

Aufgabe 1.15: Geben Sie alle Kombinationen von Wahrheitswerten für a und b an, die die folgenden Gleichungen erfüllen.

$\bar{a} \wedge b = w$, $\quad\quad w \wedge a = b$, $\quad\quad a \vee b = w$, $\quad\quad f \vee a = b$,

$a \wedge \bar{b} = f$, $\quad\quad a \wedge \bar{a} = b$, $\quad\quad \bar{a} \vee b = f$, $\quad\quad a \vee \bar{a} = b$.

Aufgabe 1.16: Zeichnen Sie Karnaugh-Diagramme für $\bar{a} \wedge \bar{b}$, $a \wedge \bar{b}$, $a \vee \bar{b}$ und $\bar{a} \vee b$.

Aufgabe 1.17: Definieren Sie, ausgehend von der Wahrheitstafel für ENTWEDER-ODER (vgl. Aufgabe 1.11), die zugehörige Verknüpfung der Wahrheitswerte, die mit * bezeichnet werden soll. Welche Wahrheitswerte müssen für a und b eingesetzt werden, damit a * b = w gilt? Zeichnen Sie das Karnaugh-Diagramm für a * b.

Aufgabe 1.18: Definieren Sie, ausgehend von der Wahrheitstafel für WEDER-NOCH (vgl. Aufgabe 1.10), die zugehörige Verknüpfung der Wahrheitswerte, die mit ○ bezeichnet werde. Für welche Wahrheitswerte gilt a ○ b = w? Zeichnen Sie das Karnaugh-Diagramm für a ○ b.

Aufgabe 1.19: Erklären Sie die unterschiedliche Bedeutung der Zeichen $^-$, $\wedge$, $\vee$ in $A(x) \vee \overline{B(x)}$ und $a \vee \bar{b}$ sowie in $A(x) \wedge B(x)$ und $a \wedge b$.

1.4. Zweites Modell: Schaltalgebra

Das zweite Modell einer Booleschen Algebra, die Schaltalgebra, ist die Grundlage für die Planung von Schaltungen, die etwa in Computern bestimmte Aufgaben zu lösen haben.

Der Schaltalgebra wird wie der Aussagenalgebra, wo man in der Menge $\{f, w\}$ rechnet, eine Menge mit zwei Elementen zugrunde gelegt. Die Elemente der Schaltalgebra werden mit O und L bezeichnet. Die Bedeutung der Elemente O und L soll an einem ersten physikalischen Beispiel für eine Schaltalgebra erläutert werden.

Eine der einfachsten elektrischen Schaltungen besteht aus einem in einen Stromkreis geschalteten Schalter a (Bild 1.14). Durch den Schalter a fließt entweder ein elektrischer Strom, wenn nämlich der Schalter geschlossen ist, oder es fließt kein Strom, wenn der Schalter geöffnet ist. Der Schalter kann zwei Zustände annehmen: Der erste Zustand besteht darin, daß der Schalter stromleitend ist. Dieser Zustand soll mit L bezeichnet werden. Der zweite liegt vor, wenn der Schalter nicht stromleitend ist. Dieser Zustand wird mit O bezeichnet.

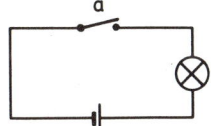

Bild 1.14
Der Schalter a kann zwei Zustände annehmen. Die Lampe zeigt diese Zustände an.

So wie in der Aussagenalgebra die Variable durch den Wahrheitswert f oder durch den Wert w ersetzt wird, kann der Schalter a den einen oder den anderen Zustand annehmen. Der Schalter a ist eine Variable für die zwei physikalischen Zustände „nicht-leitend" und „leitend", die hier mit O und L bezeichnet worden sind.

Durch zusammengesetzte Schalter lassen sich zwei Zustände verknüpfen. Bild 1.15 zeigt die Serienschaltung zweier Schalter. Der Schalter a befindet sich im Zustand O, der Schalter b im Zustand L und der Gesamtschalter, die Serienschaltung der beiden Schalter, im Zustand O. Das wird durch eine Lampe angezeigt, die in diesem Fall nicht leuchtet. Auf diese Weise wird den Zuständen O und L durch die Serienschaltung der Zustand O zugeordnet. In der Serienschaltung fließt genau dann ein Strom (Zustand L), wenn der Schalter a *und* der Schalter b im Zustand L sind. Eine Übersicht über die Zustände der Serienschaltung zeigt Tabelle 1.16.

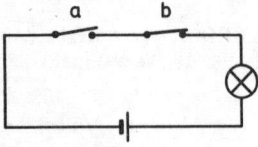

Tabelle 1.16

Bild 1.15
Durch die Serienschaltung
zweier Schalter wird zwei
Zuständen ein neuer Zu-
stand zugeordnet.

a	b	Serienschaltung der Schalter a und b
O	O	O
O	L	O
L	O	O
L	L	L

Wenn man dem Wahrheitswert f den Zustand O und dem Wert w den Zustand L und umgekehrt zuordnet, dann entspricht die Tabelle der Serienschaltung von Schaltern der Tabelle für die Konjunktion der Wahrheitswerte. Die Serienschaltung wird daher auch als UND-Schaltung bezeichnet.

Eine zweite Möglichkeit, zwei Schalter zusammenzuschalten, ist die Parallelschaltung. In Bild 1.16 ist der Schalter a im Zustand O, der Schalter b im Zustand L und der Gesamtschalter, die Parallelschaltung, im Zustand L. Durch die Parallelschaltung wird also den Zuständen O und L der Zustand L zugeordnet. Die Parallelschaltung ist genau dann leitend, wenn der Schalter a *oder* der Schalter b im Zustand L ist. Überprüft man alle möglichen Kombinationen von Zuständen, so ergibt sich Tabelle 1.17.

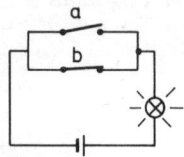

Tabelle 1.17

Bild 1.16
Durch die Parallelschaltung
zweier Schalter wird zwei
Zuständen ein neuer Zu-
stand zugeordnet.

a	b	Parallelschaltung der Schalter a und b
O	O	O
O	L	L
L	O	L
L	L	L

Bei der gleichen Zuordnung f ⟷ O und w ⟷ L wie oben zwischen den Wahrheitswerten und den Zuständen, entspricht diese Tabelle der für die Adjunktion von Wahrheitswerten. Die Parallelschaltung wird daher auch als ODER-Schaltung bezeichnet.

Aufwendiger als die UND- und ODER-Schaltungen ist eine Schaltung, die für jeden Zustand den ihm „entgegengesetzten" Zustand herstellt. In Bild 1.17 ist eine solche Schaltung mit Hilfe eines Relais gezeichnet. Ist der Schalter a geöffnet (Zustand O), dann fließt durch die Spule des Relais (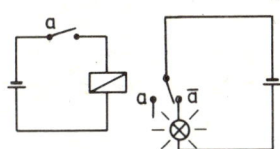) kein Strom, und der Schalter $\bar{a}$ liegt in der gezeichneten Stellung. Im rechten Stromkreis fließt ein Strom, der Schalter $\bar{a}$ ist im Zustand L. Schließt man den Schalter a (Zustand L), dann zieht die jetzt stromdurchflossene Spule den Schaltarm des Schalters $\bar{a}$ an. Dadurch wird der Stromkreis unterbrochen, und der Schalter $\bar{a}$ ist im Zustand O. Diese beiden möglichen Fälle enthält die Tabelle 1.18.

Eine solche Relaisschaltung kann als Nicht-Schaltung bezeichnet werden.

Bild 1.17
Durch die Relaisschaltung wird jedem Zustand im linken Stromkreis der „entgegengesetzte" Zustand im rechten Stromkreis zugeordnet.

Tabelle 1.18

a	$\bar{a}$
O	L
L	O

Wie in der Aussagenalgebra können auch in der Schaltalgebra den Schaltungen Karnaugh-Diagramme zugeordnet werden. Für eine Schaltung mit nur einem Schalter a besteht das Karnaugh-Diagramm aus zwei Feldern, für Schaltungen mit zwei Schaltern aus vier Feldern. Die Zustandskombinationen für die einzelnen Felder zeigt Bild 1.18a: Der Schalter a erhält in der rechten Hälfte und der Schalter b in der unteren Hälfte des Diagramms den Zustand L. Felder werden schraffiert, wenn die Schaltung für die zugehörige Zustandskombination den Zustand L ergibt. Bild 1.18 zeigt das Karnaugh-Diagramm für die Serienschaltung (b) und die Parallelschaltung (c) zweier Schalter und für die Nicht-Schaltung eines Schalters (d).

Die mechanischen und die elektromechanischen Schalter stellen ein erstes Modell der Schaltalgebra dar, das Strommodell. Mit Hilfe von 2 000 Relaisschaltern baute *Konrad Zuse* 1941 den ersten arbeitsfähigen programmgesteuerten Rechenautomaten. Dieser

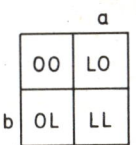
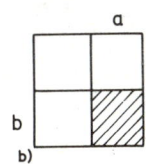
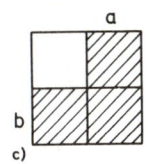
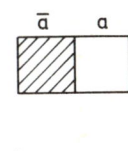

Bild 1.18. Karnaugh-Diagramme der Schaltalgebra:

(a) Verteilung der Zustände für das Schalterpaar (a, b);

(b) Karnaugh-Diagramm für die Serienschaltung zweier Schalter a und b;

(c) Karnaugh-Diagramm für die Parallelschaltung zweier Schalter a und b;

(d) Karnaugh-Diagramm für die Nichtschaltung eines Schalters a.

19

Computer arbeitete für heutige Verhältnisse langsam, er war sehr schwer und benötigte vergleichsweise sehr viel Energie. Bis 1955 — man spricht von der ersten Computer-Generation — verwendete man beim Bau der Rechner Elektronenröhren. Um 1955 wurden diese Schaltelemente durch Halbleiterbauelemente wie Dioden und Transistoren abgelöst. Sie kennzeichnen die zweite Computer-Generation. Die dritte Generation setzte um 1960 mit der Verwendung integrierter Schaltkreise ein. Die vierte Computer-Generation bahnt sich mit der Entwicklung hochintegrierter Schaltkreise an (LSI- und MOS-Technik).

Die Bauelemente, mit denen man die Schaltalgebra am übersichtlichsten demonstrieren kann, stammen meistens aus der zweiten Computer-Generation. Sie sollen im folgenden vorgestellt werden.

Wie der Schalter eine Variable für die zwei Zustände „Strom nicht-leitend" und „Strom leitend" ist, benötigen wir auch jetzt als Variable eine Schaltung, die zwei Zustände annehmen kann. Die Zustände dieser Schaltungen werden nicht mehr durch den Strom dargestellt, sondern durch die Spannung (gegenüber Erde), die am Ausgang der Schaltung vorgefunden wird. Man spricht deshalb von einem *Spannungsmodell* der Schaltalgebra im Gegensatz zum Strommodell.

Bild 1.19 zeigt das Schaltzeichen eines solchen Bauelements. Sein oberer rechter Ausgang kann zwei verschiedene Spannungen führen, die den Zuständen 0 und L zugeordnet werden. Bei dem entsprechenden Bauelement des Lehrgeräts SIMULOG (Bild 1.20) führt der Ausgang die Spannung 0 V (Zustand 0) oder 12 V (Zustand L). Die Zustände werden optisch durch die unter dem Ausgang liegende Lampe angezeigt. Das Bauelement hat am Ausgang die Spannung 0 V, wenn die Lampe nicht leuchtet, und 12 V, wenn die Lampe leuchtet.[1])

Bild 1.20

Photo eines Variablenglieds des SIMULOG der Fa. Leybold-Heraeus

Bild 1.19

Schaltzeichen für ein Variablenglied

---

[1]) Die Spannung kann mit Hilfe eines Spannungsmeßgerätes gemessen werden. Zum Zustand 0 gehören alle Spannungen etwa zwischen 0 V und 2 V, dem Zustand L werden alle Spannungen etwa zwischen 10 V und 12 V zugeordnet.

Das Bauelement hat damit die Eigenschaft, ähnlich einer Wahrheitswert'variablen, einen von zwei Zuständen annehmen zu können. Es wird deshalb als Variablenglied bezeichnet. Im Variablenglied ist eine elektronische Flip-Flop-Schaltung enthalten.

Man stellt am Ausgang X des Variablenglieds den Zustand L her, indem man den Eingang S (Setzeingang) kurzfristig mit Hilfe eines Kabels mit einer 12 V-Buchse des Grundbretts verbindet. Man sagt: Das Variablenglied ist gesetzt worden. Man kann das Variablenglied rücksetzen, indem man die Buchse R (Rücksetzeingang) kurzfristig durch ein Kabel mit einer 12 V-Buchse verbindet. Dann liegt am Ausgang der Zustand 0.

Als nächstes benötigt man ein Negationsglied, das jedem Spannungswert den ihm entgegengesetzten Wert zuordnet. Liegt am Eingang des Negationsglieds die Spannung 0 V, dann soll am Ausgang die Spannung 12 V liegen, und umgekehrt (Bild 1.21).

Bild 1.21
Schaltzeichen des Negationsglieds

Der Bau eines besonderen Negationsglieds erübrigt sich aber, weil beim Variablenglied rechts unten ein zweiter Ausgang $\overline{X}$ vorhanden ist, der stets den entgegengesetzten Spannungswert wie der Ausgang X führt.

Außer dem Ausgang X, dem negierten Ausgang $\overline{X}$, dem Setzeingang S und dem Rücksetzeingang R hat das Variablenglied drei weitere Eingänge auf der linken Seite. Ihre Wirkungsweise wird im Kapitel 2 behandelt.

Für die Verknüpfungen auf der Menge $\{0, L\}$ werden weitere Bauelemente, die Gatter, verwendet. Jedes Gatter hat zwei Eingänge. Durch ein Gatter wird zwei Zuständen an diesen Eingängen ein Zustand am Ausgang zugeordnet (Bild 1.22). Dieser Zustand wird durch eine Lampe angezeigt.

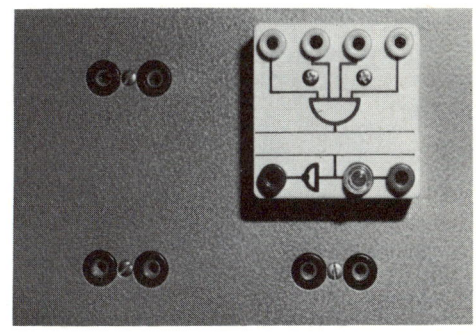

(a)

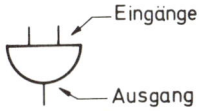

Bild 1.22
Den Zuständen an den Eingängen wird ein Zustand am Ausgang zugeordnet.

Bild 1.23
Photo eines UND-Gatters des Lehrgeräts SIMULOG

Beim Lehrgerät SIMULOG (Bild 1.23) besitzen die Gatter vier Eingänge; es müssen aber nicht alle Eingänge gleichzeitig benutzt werden. Will man die Funktionsweise des in Bild 1.23 gezeigten Gatters erproben, so verbindet man nach Bild 1.24 zwei Eingänge mit den Ausgängen zweier Variablenglieder x und y. Berücksichtigt man alle Kombinationen von Zuständen der beiden Variablenglieder, so erhält man Tabelle 1.19.

Ein Vergleich mit der Tabelle für die Konjunktion der Wahrheitswerte rechtfertigt bei der schon festgelegten Zuordnung zwischen Zuständen und Wahrheitswerten die Bezeichnung des Gatters als UND-Gatter.

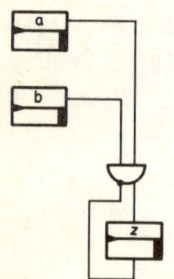

Bild 1.24

Am Ausgang des Gatters liegt die Spannung 12V genau dann, wenn a und b im Zustand L sind.

Tabelle 1.19

a	b	Ausgang des Gatters
0	0	0
0	L	0
L	0	0
L	L	L

Das UND-Gatter hat einen zweiten Ausgang links unten (Bild 1.23). An ihm findet man stets den entgegengesetzten Spannungswert wie am rechten Ausgang. Er wird als negierter Ausgang des UND-Gatters bezeichnet. Diesen Sachverhalt bestätigt man mit Hilfe der Schaltung von Bild 1.25.

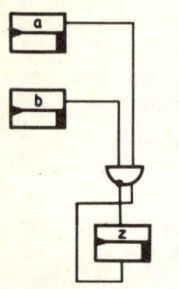

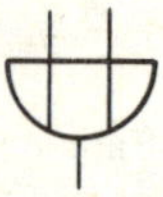

Bild 1.26

Schaltzeichen eines ODER-Gatters

Bild 1.25

Das Variablenglied zeigt den Zustand am negierten Ausgang des UND-Gatters an. Er ist stets dem Zustand des UND-Gatters entgegengesetzt.

Bild 1.27

Photo eines ODER-Gatters des Lehrgeräts SIMULOG

Das zweite Gatter besitzt das in Bild 1.26 dargestellte Schaltzeichen, das sich von dem des UND-Gatters durch die durch den Halbkreis geführten Eingangsstriche unterscheidet. Untersucht man wie im Fall des UND-Gatters, welcher Spannungswert am Ausgang eines Gatters dieses Typs liegt, so erhält man Tabelle 1.20.

Diese Tabelle entspricht der Tabelle 1.9
für die Adjunktion der Wahrheitswerte.
Das Gatter wird deshalb als ODER-
Gatter bezeichnet.

Auch das ODER-Gatter hat links unten
einen zweiten Ausgang, bei dem man
stets den entgegengesetzten Zustand wie

Tabelle 1.20

a	b	Ausgang des Gatters
0	0	0
0	L	L
L	0	L
L	L	L

am (rechten) Ausgang des ODER-Gatters findet. Das bestätigt man wie beim UND-Gatter,
indem man den Zustand des negierten Ausgangs durch ein drittes Variablenglied z anzeigen
läßt.

Bild 1.28 zeigt zusammenfassend die Schaltzeichen bei der Verwendung der verschiedenen
Ausgänge der Gatter.

 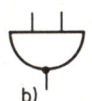 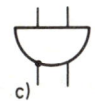   

a)   b)   c)   a)   b)   c)

Bild 1.28. Schaltzeichen von UND- und ODER-Gatter bei Benutzung des Ausgangs (a),
des negierten Ausgangs (b) und bei Verwendung beider Ausgänge (c)

Die Variablen der Schaltalgebra sind Schaltungen, die genau zwei physikalische Zustände
annehmen können. Im Fall des Spannungsmodells sind diese Zustände Spannungen. Zwei
Spannungswerte können mit Hilfe der UND- und ODER-Gatter zu jeweils einem neuen
Spannungswert „verknüpft" werden. Die Verknüpfungen UND und ODER, die dadurch
auf der Menge $\{0, L\}$ festgelegt sind, gleichen denen der Aussagenalgebra. Zwischen den
Elementen der Mengen $\{0, L\}$ und $\{f, w\}$ wird durch die Zuordnung

$$0 \longleftrightarrow f$$
$$L \longleftrightarrow w$$

zwischen den Elementen und durch die Zuordnung zwischen den gleichartigen Verknüpfungen eine umkehrbar eindeutige Abbildung hergestellt.

Diese Abbildung gestattet es, 1. Schaltungen aussagenalgebraisch zu beschreiben, 2. die
Zuordnungstabellen für die UND- und ODER-Verknüpfungen von Zuständen umzuschrei-
ben zu Verknüpfungstafeln der Konjunktion und Adjunktion von Wahrheitswerten und
3. Karnaugh-Diagramme der Schaltalgebra zu übertragen in Karnaugh-Diagramme der
Aussagenalgebra.

Dieser „Übersetzungsmechanismus" von der Schaltalgebra in die Aussagenalgebra, der
auch in der umgekehrten Richtung durchlaufen werden kann, soll im folgenden begründet
werden.

In Bild 1.29 werden den Variablengliedern a und b die Wahrheitswertvariablen a und b zugeordnet. Die Abbildungsvorschrift besagt: Ist ein Variablenglied im Zustand 0 bzw. L,
dann soll für die zugehörige Wahrheitswertvariable der Wahrheitswert f bzw. w eingesetzt
werden (Abbildung (1)).

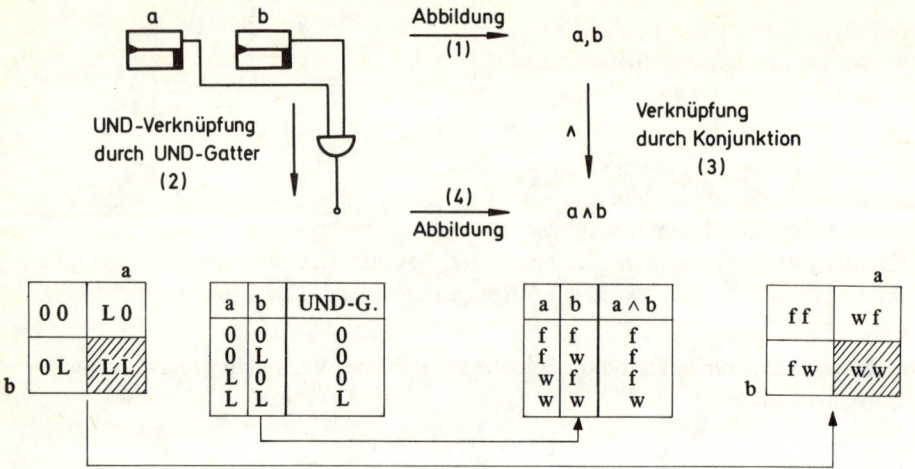

Bild 1.29. Den Zuständen am Ausgang des UND-Gatters lassen sich die Wahrheitswerte des Konjunkts zuordnen.

Gibt man zwei Zustände in den Variablengliedern vor, so können die zugehörigen Wahrheitswerte bestimmt werden. Verknüpft man diese Wahrheitswerte durch die Konjunktion, so erhält man das Konjunkt $a \wedge b$, dessen Wahrheitswert der Verknüpfungstafel oder dem Karnaugh-Diagramm entnommen werden kann (Verknüpfung (3)).

So wird zu zwei Zuständen ein Wahrheitswert bestimmt, indem man zuerst die Abbildungsvorschrift (1) und dann die Verknüpfung der Wahrheitswerte (3) durchführt. Bild 1.30 veranschaulicht diesen Vorgang an einem Beispiel, bei dem die Zustände 0 und L vorgegeben sind.

Bild 1.30. Für das Zustandspaar (0, L) erhält man den Wahrheitswert f .

Bild 1.31. Für das Zustandspaar (0, L) erhält man wieder den Wahrheitswert f.

Der ermittelte Wahrheitswert läßt sich auch auf einem anderen Wege erreichen. Zuerst werden die zwei Zustände durch die UND-Verknüpfung für Zustände mit Hilfe des UND-Gatters verknüpft. Dann wird zu dem Ergebniszustand der zugehörige Wahrheitswert gemäß der Abbildungsvorschrift aufgesucht. Für das gewählte Paar von Zuständen (0, L) ergibt sich auf diese Weise wiederum der Wahrheitswert f (Bild 1.31).

Die Ergebnisse stimmen nicht nur für das gewählte Zustandspaar (0, L) überein, sondern auch bei allen anderen Kombinationen von Zuständen. Aus der Zuordnungstabelle der Zustände ergibt sich nämlich die Verknüpfungstafel der Wahrheitswerte, wenn 0 durch f und L durch w ersetzt wird. Dasselbe gilt für die Karnaugh-Diagramme.

Die Darstellungen von Bild 1.30 und Bild 1.31 sind Ausschnitte von Bild 1.29 für ein spezielles Beispiel. Ihr Vergleich macht deutlich, daß die Reihenfolge von ABBILDEN und VERKNÜPFEN ohne Ergebnisänderung vertauscht werden kann.

Zu jedem Paar von Wahrheitswerten kann auch umgekehrt ein Zustand ermittelt werden, der dem Konjunkt der Wahrheitswerte entspricht. So wird z.B. dem Paar (w, f) von Wahrheitswerten durch die Abbildungsvorschrift das Zustandspaar (L, 0) zugeordnet. Durch UND-Verknüpfung mit einem UND-Gatter erhält man dann für dieses Zustandspaar den Zustand 0 (Bild 1.32). Verknüpft man dagegen zuerst die Wahrheitswerte w und f durch die Konjunktion, so erhält man den Wahrheitswert f, dem dann ebenfalls der Zustand 0 zugeordnet wird (Bild 1.33).

Wiederum kann ohne Abänderung des Ergebnisses die Reihenfolge von Abbildung und Verknüpfung vertauscht werden.

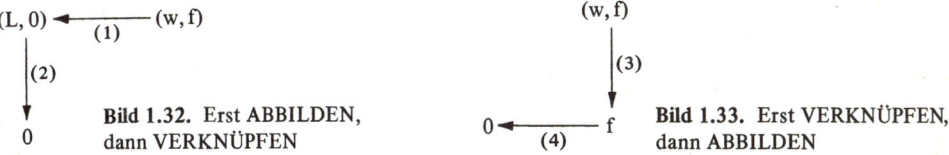

(L, 0) ◄── (1) ── (w, f)   (w, f)

(2)   (3)

0   **Bild 1.32.** Erst ABBILDEN,   0 ◄── (4) ── f   **Bild 1.33.** Erst VERKNÜPFEN,
         dann VERKNÜPFEN   dann ABBILDEN

Faßt man die Bilder 1.32 und 1.33 zusammen, so erhält man nach Einführung der Variablen eine Darstellung wie in Bild 1.29, nur mit entgegengerichteten Abbildungspfeilen. Wegen der Eindeutigkeit der Zuordnung in beiden Richtungen können die Abbildungspfeile aus Bild 1.29 durch Pfeile in beiden Richtungen ersetzt werden (Bild 1.34).

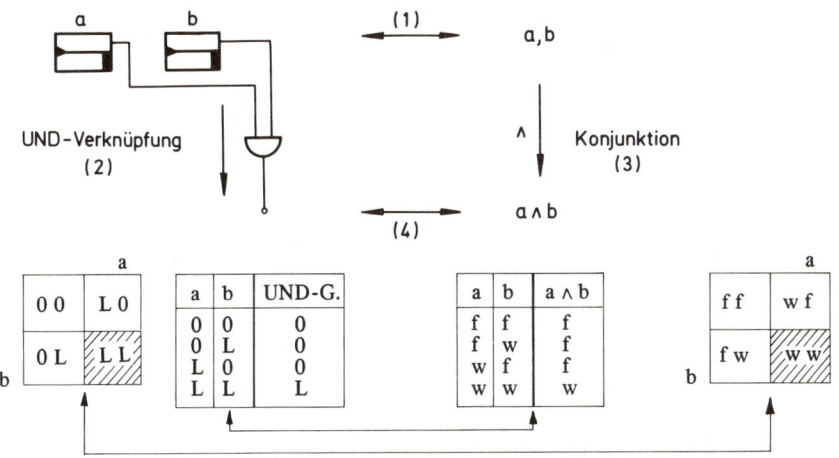

Bild 1.34. Die Reihenfolge von Abbilden und Verknüpfen durch UND-Gatter bzw. Konjunktion kann vertauscht werden

Ganz entsprechende Diagramme erhält man für die ODER-Verknüpfung der Schaltalgebra und die Adjunktion der Aussagenalgebra, sowie für die Negation von Zuständen und die von Wahrheitswerten (Bilder 1.35, 1.36).

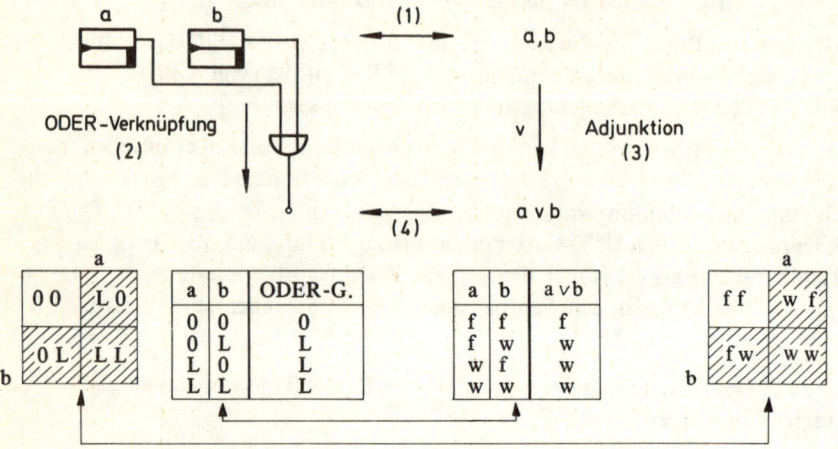

Bild 1.35. Die Reihenfolge von Abbilden und Verknüpfen durch ODER-Gatter bzw. Adjunktion kann vertauscht werden.

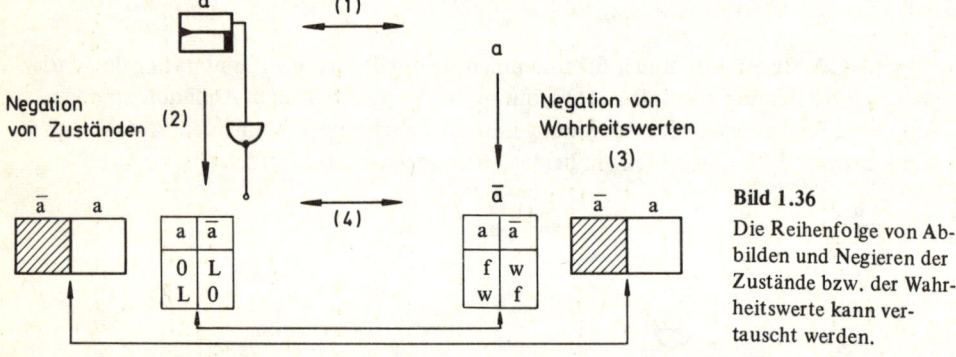

Bild 1.36
Die Reihenfolge von Abbilden und Negieren der Zustände bzw. der Wahrheitswerte kann vertauscht werden.

Zwei Mengen, deren Elemente sich umkehrbar eindeutig einander zuordnen lassen und bei denen das ABBILDEN und VERKNÜPFEN vertauscht werden kann, bezeichnet man als *isomorph*. Die vorangehende Betrachtung zeigt, daß die Aussagenalgebra und die Schaltalgebra zueinander isomorph sind. Das wird zur Folge haben, daß die Gesetze der Aussagen- und der Schaltalgebra einander so entsprechen, daß man jeweils nur eins von zwei einander zugeordneten Gesetzen zu beweisen braucht. Ein in der Schaltalgebra gültiges Gesetz gilt auch in der Aussagenalgebra und umgekehrt.

Die Aussagenalgebra und die Schaltalgebra sind zwei gleichwertige Modelle der nach *G. Boole* bezeichneten Booleschen Algebra. Es gibt viele Modelle dieser Algebra. Für unseren Themenkreis sind jedoch nur die hier behandelten Modelle von Interesse.

Aufgrund der Isomorphie zwischen Aussagenalgebra und Schaltalgebra kann in beiden Modellen parallel gearbeitet werden. Man spricht jedoch oft davon, daß die Variablen und Verknüpfungen der Aussagenalgebra mit Hilfe der Schaltalgebra realisiert bzw. simuliert werden. Obwohl bei dieser Sprechweise die Gleichrangigkeit der beiden Modelle nicht mehr voll gewahrt bleibt, werden wir sie im folgenden verwenden.

Aufgabe 1.20: Begründen Sie, weshalb das Variablenglied z in der Schaltung von Bild 1.25 stets den Spannungszustand des negierten Ausgangs des UND-Gatters anzeigt.

Aufgabe 1.21: Untersuchen Sie den negierten Ausgang des ODER-Gatters entsprechend der Schaltung von Bild 1.25.

Aufgabe 1.22: Entwerfen Sie eine Schaltung, in welcher die Spannungszustände an beiden Ausgängen eines ODER-Gatters durch je ein Variablenglied angezeigt werden.

Aufgabe 1.23: Geben Sie zu folgenden Schaltungen die Zuordnungstabelle und das Karnaugh-Diagramm an:

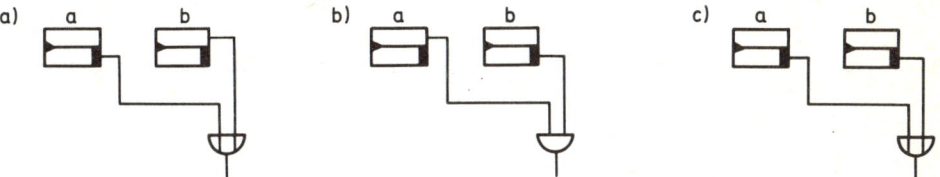

Aufgabe 1.24: Geben Sie zu folgenden Karnaugh-Diagrammen eine Schaltung an:

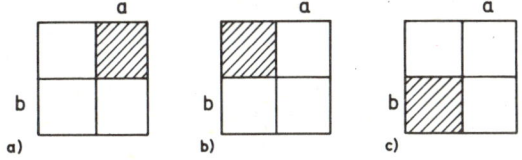

1.5. Terme und ihre Verknüpfungen

In der Aussagenalgebra sind die Variablen a, b, c, ... Leerstellen für die Wahrheitswerte f und w. Das aus ihnen gebildete Negat $\bar{a}$, das Konjunkt $a \wedge b$ und das Adjunkt $a \vee b$ sind dagegen keine Variable für Wahrheitswerte. Ihre Wahrheitswerte ergeben sich vielmehr mit Hilfe der entsprechenden Verknüpfungstabellen aus den jeweiligen Wahrheitswerten für die Variablen. Es erscheint daher zweckmäßig, für die Wahrheitswertvariablen und die aus ihnen gebildeten Negate, Konjunkte und Adjunkte einen neuen, gemeinsamen Namen einzuführen. Man spricht von *aussagenalgebraischen Termen* oder kurz von *Termen*. Auch die Elemente der Grundmenge, die Wahrheitswerte f und w, werden zu den Termen gezählt. Die folgende Definition legt fest, was wir unter einem Term verstehen wollen.

> *Definition:* 1. Die Wahrheitswerte f und w sind Terme.
> 2. Die Wahrheitswertvariablen a, b, c, ... sind Terme.
> 3. Das Negat eines Terms sowie das Konjunkt und das Adjunkt zweier Terme sind wieder Terme.

Der dritte Teil der Definition gibt an, auf welche Weise man aus den einfachsten Termen, den Wahrheitswerten und den Variablen, beliebige Terme erhalten kann. Das wird im folgenden an Beispielen erläutert:

Da die Variable a und der Wahrheitswert f Terme sind, stellen auch das Adjunkt $a \vee f$ und das Konjunkt $a \wedge f$ Terme dar. a und b sind Terme, damit auch $\overline{b}$ und $a \wedge \overline{b}$, $a \vee \overline{b}$ sowie $a \vee \overline{b}$. Das Adjunkt der Terme $a \wedge b$ und c ist der Term $(a \wedge b) \vee c$. Die Klammern in einem Term geben wie in der Zahlenalgebra an, welche Verknüpfung zuerst ausgeführt werden soll. Im Beispiel $(a \wedge b) \vee c$ ist als erstes das Konjunkt $a \wedge b$ zu bilden, das dann durch Adjunktion mit dem Term c verknüpft werden soll.

Für die in einem Term auftretenden Variablen darf man die Werte f und w einsetzen. Daher ergeben sich durch Terme neue Zuordnungen (Funktionen), die durch Wertetabellen und Karnaugh-Diagramme angegeben werden können.

1. Beispiel: Es soll die Wertetabelle und das Karnaugh-Diagramm für den Term $a \wedge \overline{b}$ aufgestellt werden.

Setzt man z.B. a = f und b = f, dann ist $\overline{b}$ = w und damit $a \wedge \overline{b}$ = f, denn nach Definition der Konjunktion gilt die Gleichung $f \wedge w = f$. Entsprechend überlegt man sich die Werte für die anderen Wertekombinationen. Insgesamt ergibt sich die in Tabelle 1.21 angegebene Zuordnung.

Tabelle 1.21

a	b	$\overline{b}$	$a \wedge \overline{b}$	Begründung
f	f	w	f	$f \wedge w = f$
f	w	f	f	$f \wedge f = f$
w	f	w	w	$w \wedge w = w$
w	w	f	f	$w \wedge f = f$

a	b	$a \wedge \overline{b}$
f	f	f
f	w	f
w	f	w
w	w	f

In den ersten beiden Spalten werden die vier Wertepaare aufgeführt. In der dritten Spalte steht der Wert für das Negat $\overline{b}$, in der vierten der Wert für das Konjunkt $a \wedge \overline{b}$. Die letzte Spalte enthält die Begründung aufgrund der Definition der Konjunktion. Die Zuordnungstabelle für diesen Term ohne Nebenrechnung und Begründung steht rechts daneben.

Das Karnaugh-Diagramm des Terms $a \wedge \overline{b}$ enthält vier Felder. Zuerst werden die Felder schraffiert, für die a = w gilt, und dann die Felder, für die $\overline{b}$ = w gilt. In dem doppeltschraffierten Feld gilt dann $a \wedge \overline{b}$ = w. Das Karnaugh-Diagramm zeigt anschaulich, daß der gegebene Term nur für das Wertepaar wf den Wert w annimmt (Bild 1.37).

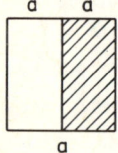

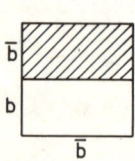

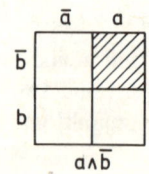

Bild 1.37
Entstehung des Karnaugh-Diagramms des Terms $a \wedge \overline{b}$ aus den Karnaugh-Diagramm für a und für $\overline{b}$

Wegen der Isomorphie von Aussagenalgebra und Schaltalgebra gehört zu jedem Term eine Schaltung von Variablengliedern und Gattern. Deshalb läßt sich die gestellte Aufgabe auch experimentell lösen:
Das Konjunkt $a \wedge \bar{b}$ kann durch zwei Variablenglieder und ein UND-Gatter realisiert werden. Dazu verbindet man den oberen Ausgang des Variablenglieds a und den unteren Ausgang des Variablenglieds b mit zwei Eingängen des UND-Gatters. Beim Variablenglied b muß der untere Ausgang gewählt werden, weil der Zustand an diesem Ausgang das Negat des Zustands am oberen Ausgang darstellt. Den Schaltplan zum Term $a \wedge \bar{b}$ und die mit der Schaltung aufgenommene Tabelle zeigt Bild 1.38. Ersetzt man die Zustände 0 und L durch die zugeordneten Wahrheitswerte f und w ($0 \leftrightarrow f$ und $L \leftrightarrow w$), so erhält man die in Tabelle 1.21 entwickelte Wertetabelle des Terms $a \wedge \bar{b}$.

Bild 1.38
(a) Schaltplan zum Term $a \wedge \bar{b}$ und (b) zugehörige Zustandstabelle

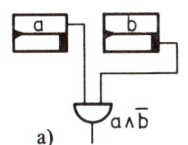
a)

b)

a	b	$a \wedge \bar{b}$
0	0	0
0	L	0
L	0	L
L	L	0

Anmerkung: Um Schaltpläne mit mehreren Gattern übersichtlicher zeichnen zu können, führt man anstelle der Variablenglieder Schienen für die Variablen ein (Bild 1.39). Man vereinbart ferner, daß Überkreuzungen nur dann Schaltverbindungen darstellen, wenn sie mit einem Punkt markiert sind. Der Punkt am Eingang des UND-Gatters, der mit der Schiene für die Variable b verbunden ist, gibt an, daß die betreffende Variable negiert wird.

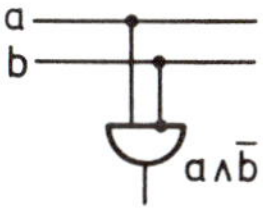

Bild 1.39

Schaltplan zum Term $a \wedge \bar{b}$ mit Schienen für die Variablen a und b. Der Punkt am rechten Eingang des UND-Gatters gibt an, daß die Variable b negiert wird.

Im Anschluß an das Beispiel sollen die in Abschnitt 1.4 aufgefundenen Beziehungen zwischen einem Term und der zugehörigen Schaltung sowie den Darstellungen durch Wertetabelle und Karnaugh-Diagramm noch einmal zusammengefaßt und in einem Bild (Bild 1.40) veranschaulicht werden.

Wegen der Isomorphie von Aussagenalgebra und Schaltalgebra entspricht jedem Term eine Schaltung und umgekehrt (Pfeil (1)). Terme und Schaltungen können je durch Wertetabellen dargestellt werden (Pfeile (3) und (4)), die man durch aussagenalgebraische Rechnung bzw. experimentell gewinnt.

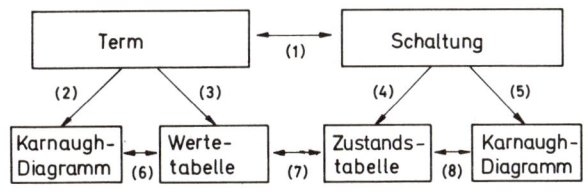

Bild 1.40

Beziehungen zwischen einem Term und der zugehörigen Schaltung sowie den Darstellungen durch Wertetabelle (Zustandstabelle) und Karnaugh-Diagramm

Zur Berechnung der Wertetabelle eines Terms geht man von den Definitionen für Negation, Konjunktion und Adjunktion aus. Die zum Term gehörige Schaltung ordnet den Spannungszuständen an den Eingängen jeweils einen Spannungszustand am Ausgang der Schaltung zu. Ersetzt man die Zustände durch die Wahrheitswerte: 0 ↔ f und L ↔ w, so erhält man aus der Zustandstabelle einer Schaltung die Wertetabelle des zugehörigen Terms und umgekehrt (Pfeil (7)).

Aus den Karnaugh-Diagrammen für die Variablen und ihre Negate und den Karnaugh-Diagrammen für das Konjunkt und das Adjunkt zweier Variablen ergibt sich das Karnaugh-Diagramm eines Terms (Pfeil (2)). Von der Darstellung eines Terms durch ein Karnaugh-Diagramm kann man auch zur Darstellung eines Terms durch eine Wertetabelle übergehen. Denn aus den schraffierten Feldern des Karnaugh-Diagramms eines Terms läßt sich ablesen, für welche Wertekombinationen sich der Wahrheitswert w ergibt. Umgekehrt kann man zu jeder Wertetabelle sofort das Karnaugh-Diagramm zeichnen (Pfeil (6)).

Zu jeder Schaltung gibt es ein Karnaugh-Diagramm (Pfeil (5)). Außerdem entsprechen sich die Darstellung einer Schaltung durch eine Zustandstabelle und durch ein Karnaugh-Diagramm in eineindeutiger Weise (Pfeil (8)). Diese Beziehungen ergeben sich unmittelbar aus der Isomorphie von Aussagenalgebra und Schaltalgebra.

2. Beispiel: Am Beispiel des Terms $(a \land b) \lor c$ soll nun gezeigt werden, wie man die Wertetabelle und das Karnaugh-Diagramm von Termen mit drei Variablen aufstellt.

Zuerst muß man sich überlegen, wie viele Wertekombinationen es bei drei Variablen gibt. Am Baumdiagramm (Bild 1.4) wurde veranschaulicht, daß bei Termen mit zwei Variablen vier Wertepaare auftreten. Kommt eine dritte Variable hinzu, so lassen sich diese vier Wertepaare mit den beiden Werten der dritten Variablen kombinieren. Es gibt also acht Wertekombinationen oder Wertetripel, wie das Baumdiagramm im Bild 1.41 zeigt. Für die dritte Variable werden je zwei neue Verzweigungen entsprechend den Werten f und w notwendig.

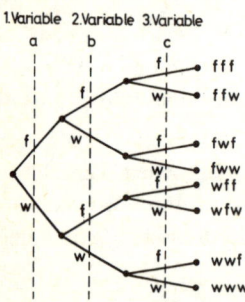

Bild 1.41. Baumdiagramm für drei Variablen. Durch ein Baumdiagramm läßt sich die Anzahl der Wertekombinationen ermitteln und eine Reihenfolge der Wertekombinationen festlegen.

An diesem Baumdiagramm kann eine Reihenfolge für die Wertetripel verabredet werden, die das Vergleichen von Tabellen erleichtert und zugleich verhindert, daß man Kombinationen vergißt oder doppelt aufführt. Verfolgt man die Verzweigungen des Baums so von links nach rechts, daß man die rechten Punkte nacheinander von oben nach unten erreicht, so erhält man gerade die Reihenfolge der Wertetripel in der Tabelle für den Term (a ∧ b) ∨ c (Bild 1.42). Diese Reihenfolge kann man sich leicht merken: Es wird immer mit dem Tripel fff begonnen. An der letzten Stelle wechseln sich die Werte f und w ab. An der mittleren Stelle treten die gleichen Werte zweimal nacheinander auf, an der ersten Stelle viermal nacheinander.

Das Baumdiagramm kann auf mehr als drei Variablen erweitert werden. Es zeigt sich, daß sich die Anzahl der Wertekombinationen bei jeder hinzukommenden Variable verdoppelt. Bei vier Variablen gibt es also $2^4 = 16$ Wertekombinationen. Allgemein erhält man bei n Variablen 2^n Wertekombinationen.

Nach diesen Vorüberlegungen soll die Wertetabelle des Terms (a ∧ b) ∨ c experimentell ermittelt werden. Dazu sehen wir uns den Aufbau des Terms an: Zuerst wird das Konjunkt von a und b und dann das Adjunkt von a ∧ b und c gebildet. Daher läßt sich der gesamte Term durch ein UND-Gatter und ein ODER-Gatter realisieren. Zur Darstellung der Variablen verwenden wir drei Variablenglieder, die im Schaltplan wieder durch Schienen angedeutet werden (Bild 1.42). In der aufgenommenen Wertetabelle werden nicht mehr die Spannungszustände, sondern die ihnen zugeordneten Wahrheitswerte aufgeführt.

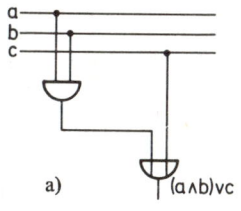

a	b	c	(a ∧ b) ∨ c
f	f	f	f
f	f	w	w
f	w	f	f
f	w	w	w
w	f	f	f
w	f	w	w
w	w	f	w
w	w	w	w

Bild 1.42
Schaltung (a) und aufgenommene Wertetabelle (b) für den Term (a ∧ b) ∨ c

Will man die Tabelle aufgrund der aussagenalgebraischen Verknüpfungen bestätigen, so ist es zweckmäßig, in der Tabelle eine Spalte für das Konjunkt a ∧ b vorzusehen und die Werte des Konjunkts in einer Nebenrechnung zu bestimmen (Tabelle 1.22).

Um das Karnaugh-Diagramm des Terms (a ∧ b) ∨ c angeben zu können, muß man sich das Karnaugh-Diagramm für

Tabelle 1.22

a	b	c	a ∧ b	(a ∧ b) ∨ c
f	f	f	f	f
f	f	w	f	w
f	w	f	f	f
f	w	w	f	w
w	f	f	f	f
w	f	w	f	w
w	w	f	w	w
w	w	w	w	w

drei Variablen überlegen. Bei zwei Variablen enthält das Karnaugh-Diagramm vier Felder, und zwar für jedes Wertepaar ff, fw, wf, ww ein Feld (Bild 1.43a). Da es für drei Variablen acht Wertetripel gibt, muß das Karnaugh-Diagramm für drei Variablen acht Felder enthalten. Zur Herstellung der acht Felder wird das Diagramm für zwei Variablen wie in Bild 1.43b unterteilt. Man vereinbart, daß in den mittleren vier Feldern für die Variable c der

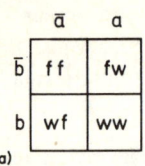 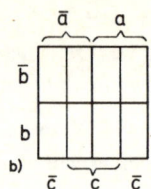 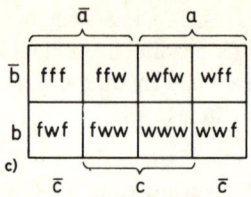

Bild 1.43. Aufbau des Karnaugh-Diagramms für drei Variablen. Das Karnaugh-Diagramm für zwei Variablen (a) wird so unterteilt, daß acht Felder entstehen (b). Die mittleren vier Felder erhalten für die Variable c den Wert w. Den acht Feldern werden die acht Wertetripel für die drei Variablen in der angegebenen Weise zugeordnet (c).

Wert w eingesetzt wird. Dann erhält man die in Bild 1.43c angegebene Zuordnung zwischen den acht Wertetripeln und den Feldern. Die Felder werden wieder quadratisch angelegt.

Im Karnaugh-Diagramm für einen Term werden die Felder derjenigen Wertekombinationen schraffiert, für die der Term den Wert w annimmt. Die Diagramme für die Variablen a, b, c und ihre Negate $\bar{a}, \bar{b}, \bar{c}$ zeigt Bild 1.44.

Das Karnaugh-Diagramm des Terms $(a \wedge b) \vee c$ läßt sich wieder schrittweise entwickeln (Bild 1.45). Zuerst werden die Felder schraffiert, in denen $a \wedge b = w$ gilt, wo also $a = w$ *und* $b = w$ ist (a). Danach zeichnet man das Karnaugh-Diagramm des Terms c (b). Im letzten Schritt werden die Felder schraffiert, in denen $a \wedge b = w$ *oder* $c = w$ ist (c). Es zeigt sich, daß insgesamt fünf Felder schraffiert sind, d.h. bei fünf Wertetripeln erhält der gegebene Term den Wert w. Der Vergleich mit Bild 1.43c führt auf die Wertetripel wwf, ffw, fww, www und wfw. Das gleiche Ergebnis zeigt die aussagenalgebraische Rechnung und die experimentelle Untersuchung in der Schaltalgebra.

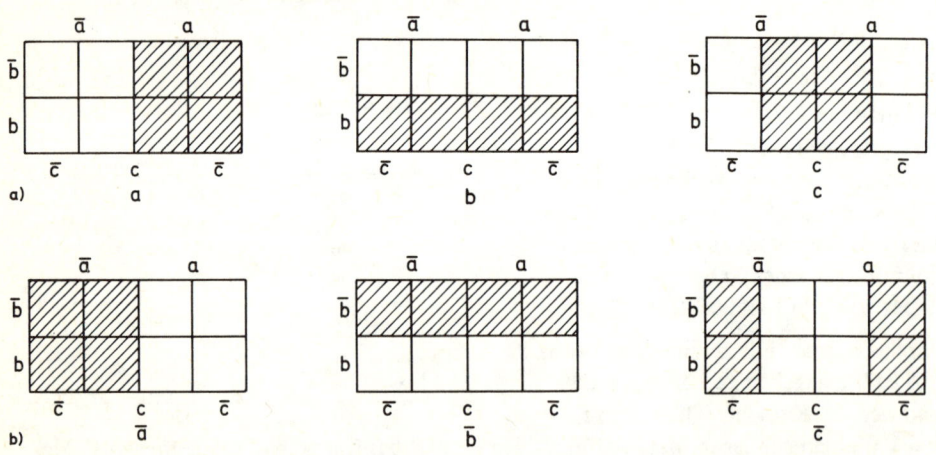

Bild 1.44. Darstellung der Variablen a, b, c(a) und ihrer Negate $\bar{a}, \bar{b}, \bar{c}$ (b) im Karnaugh-Diagramm für drei Variablen. Die Felder derjenigen Wertekombinationen werden schraffiert, für die der jeweilige Term den Wert w annimmt.

32

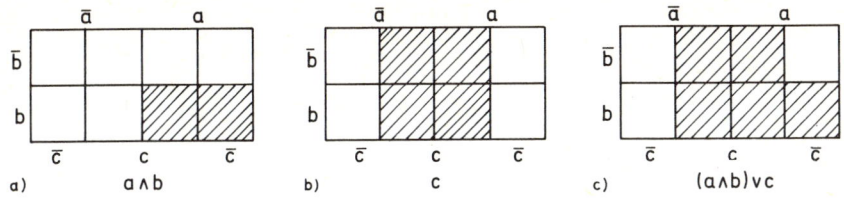

Bild 1.45. Karnaugh-Diagramm (a) des Terms a∧b, (b) des Terms c und (c) des Terms (a∧b)∨c

Jedem aussagenalgebraischen Term läßt sich eine Schaltung aus Variablengliedern und Gattern zuordnen. Solche Schaltungen haben mindestens einen Eingang und nur einen Ausgang. Sie ordnen den Spannungszuständen an den Eingängen jeweils einen Spannungszustand am Ausgang zu. Da Aussagenalgebra und Schaltalgebra isomorphe Modelle der Booleschen Algebra sind, gilt auch die Umkehrung: Jeder Schaltung dieser Art entspricht ein aussagenalgebraischer Term.

Im nächsten Beispiel soll von einer Schaltung aus Variablengliedern und Gattern ausgegangen und der zugehörige aussagenalgebraische Term bestimmt werden.

3. Beispiel: Gegeben ist die in Bild 1.46 dargestellte Schaltung. Sie ordnet den Spannungszuständen an den drei Eingängen a, b, c genau einen Spannungszustand am Ausgang x zu. Die mit der Schaltung aufgenommene Zustandstabelle wird sofort als Wertetabelle des zugehörigen Terms angegeben.

Den zugehörigen Term findet man durch die folgende Überlegung: Man stellt fest, welche Verknüpfungen nacheinander simuliert werden. Der Ausgang des ODER-Gatters realisiert den Term $a \lor \bar{b}$, da am Eingang des ODER-Gatters die Zustände von a und von $\bar{b}$ liegen. Der Ausgang des oberen UND-Gatters gibt das Konjunkt $b \land c$ an. Da der negierte Ausgang dieses UND-Gatters an das darunterliegende UND-Gatter angeschlossen ist, entspricht die gegebene Schaltung dem Term $(a \lor \bar{b}) \land \overline{b \land c}$ [1]. Bild 1.47 zeigt noch einmal die Schaltung mit Angabe der zugehörigen Terme. Daneben steht die Wertetabelle des Terms, wie man sie durch aussagenalgebraische Rechnung aufgrund der Verknüpfungstabellen der Negation, Konjunktion und Adjunktion erhält.

Bild 1.46

Durch die Schaltung (a) wird entsprechend der Wertetabelle (b) den Spannungszuständen an den drei Eingängen ein Spannungszustand am Ausgang x zugeordnet.

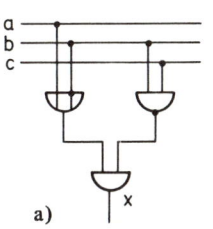

a)

b)

a	b	c	x
f	f	f	w
f	f	w	w
f	w	f	f
f	w	w	f
w	f	f	w
w	f	w	w
w	w	f	w
w	w	w	f

---

[1] Um Klammern zu sparen, verabreden wir: Die Negationsstriche ersetzen Klammern.

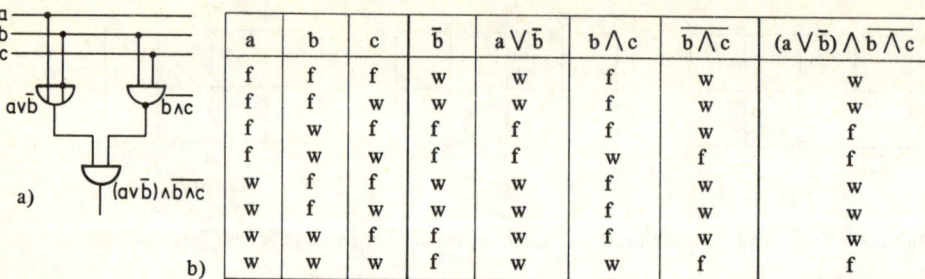

a	b	c	$\bar{b}$	$a \vee \bar{b}$	$b \wedge c$	$\overline{b \wedge c}$	$(a \vee \bar{b}) \wedge \overline{b \wedge c}$
f	f	f	w	w	f	w	w
f	f	w	w	w	f	w	w
f	w	f	f	f	f	w	f
f	w	w	f	f	w	f	f
w	f	f	w	w	f	w	w
w	f	w	w	w	f	w	w
w	w	f	f	w	f	w	w
w	w	w	f	w	w	f	f

Bild 1.47. Schaltung (a) und Wertetabelle (b) für den Term $(a \vee \bar{b}) \wedge \overline{b \wedge c}$

Das Karnaugh-Diagramm dieses Terms wird in vier Schritten entwickelt (Bild 1.48): Zuerst werden die Felder schraffiert, für die a = w *oder* $\bar{b}$ = w gilt (a). Dann zeichnet man das Karnaugh-Diagramm für den Term $b \wedge c$ (b). Das Negat $\overline{b \wedge c}$ wird durch die Felder dargestellt, die im Diagramm für den Term $b \wedge c$ nicht schraffiert sind (c). Aus den Diagrammen (a) und (c) sind nun diejenigen Felder herauszusuchen, für die $a \vee \bar{b}$ = w *und* $\overline{b \wedge c}$ = w gilt (d). Das Karnaugh-Diagramm (d) zeigt, daß der gegebene Term bei den fünf Wertetripeln fff, wwf, ffw, wff und wfw den Wert w erhält.

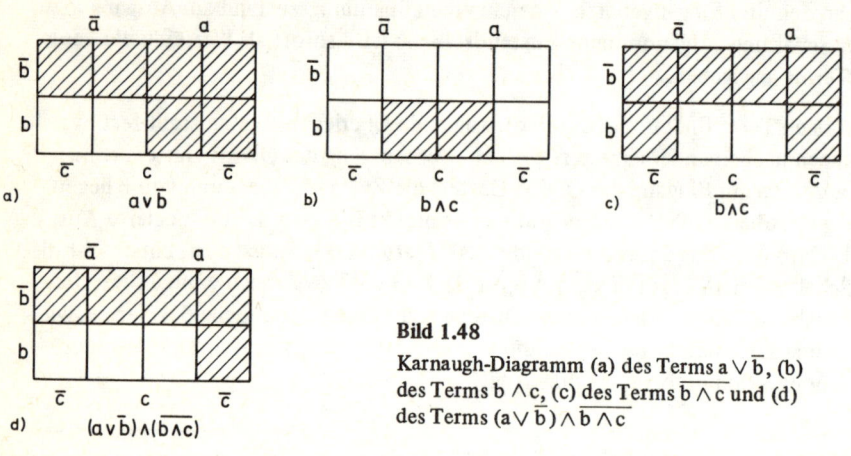

Bild 1.48
Karnaugh-Diagramm (a) des Terms $a \vee \bar{b}$, (b) des Terms $b \wedge c$, (c) des Terms $\overline{b \wedge c}$ und (d) des Terms $(a \vee \bar{b}) \wedge \overline{b \wedge c}$

Dieses Ergebnis stimmt mit der Wertetabelle (Bild 1.46b) überein, die mit der gegebenen Schaltung aufgenommen wurde. Das Karnaugh-Diagramm hätte mit den in Bild 1.40 dargestellten Beziehungen auch direkt aus der Wertetabelle entnommen werden können.

Aufgabe 1.25: Bestimmen Sie die Wertetabelle der Terme durch aussagenalgebraische Rechnung oder experimentell. Geben Sie die Karnaugh-Diagramme der Terme an.

a) $\bar{a} \wedge \bar{b}$
b) $\overline{\bar{a} \vee b}$
c) $(a \vee b) \vee (\bar{a} \wedge f)$
d) $\bar{a} \wedge (a \wedge b)$
e) $(a \vee b) \wedge \bar{c}$
f) $\overline{b \vee c} \wedge (a \wedge \bar{c})$
g) $[(a \wedge \bar{b}) \vee a] \wedge c$
h) $(a \wedge b) \vee (\bar{a} \wedge b) \vee (a \wedge \bar{b}) \vee (\bar{a} \wedge \bar{b})$

Aufgabe 1.26: Welcher Term wird durch die angegebenen Schaltungen dargestellt? Ermitteln Sie die Wertetabelle der Terme experimentell oder durch aussagenalgebraische Rechnung und zeichnen Sie die zugehörigen Karnaugh-Diagramme.

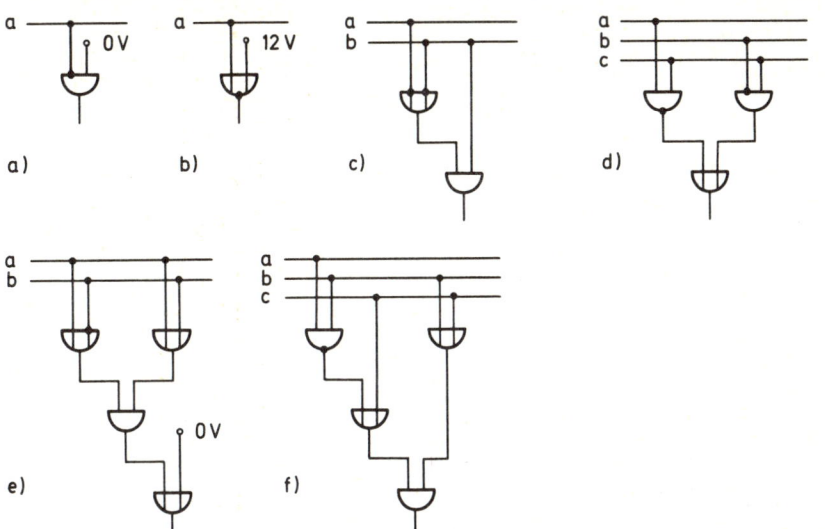

Aufgabe 1.27: Das Kombigatter ist ein Bauteil aus zwei UND-Gattern mit einem nachgeschalteten ODER-Gatter (Bild 2.5, Seite 68). Geben Sie zu den folgenden Schaltungen, die mit Kombigattern aufgebaut werden können, den zugehörigen Term an und ermitteln Sie experimentell die Wertetabellen.

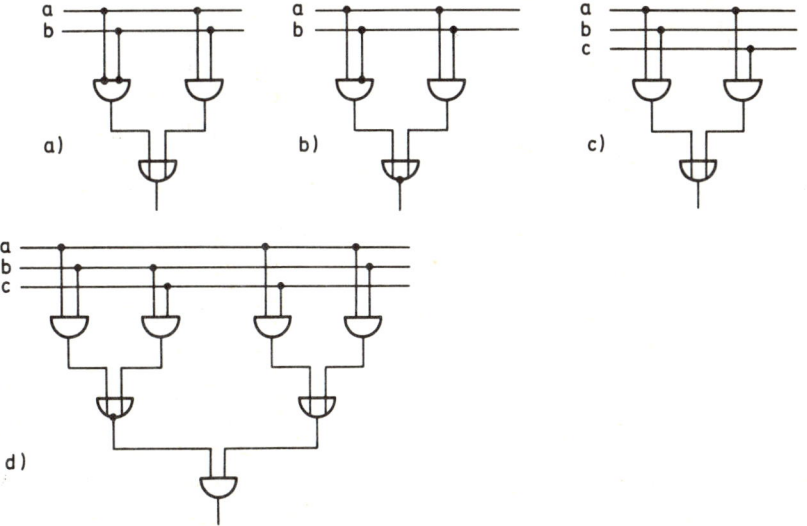

35

Aufgabe 1.28: Welche Terme werden durch die angegebenen Karnaugh-Diagramme dargestellt?

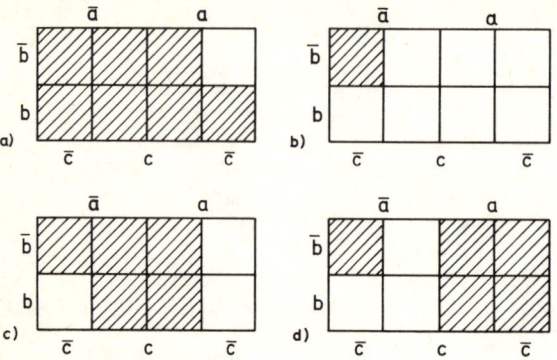

1.6. Gesetze der Booleschen Algebra

In der Schaltung für das Konjunkt a ∧ b verbindet man die oberen Ausgänge zweier Variablenglieder mit den Eingängen eines UND-Gatters. Dabei haben wir bisher nicht darauf
geachtet, in welcher Reihenfolge die Variablenglieder an die beiden Eingänge des UND-
Gatters angeschlossen werden. Die durch den Term a ∧ b vorgeschriebene Reihenfolge besagt: Schließe zuerst das Variablenglied a und dann das Variablenglied b an. Vertauscht
man diese Reihenfolge, so realisiert man das Konjunkt b ∧ a (Bild 1.49). Die experimentelle Untersuchung zeigt, daß man für beide Schaltungen die gleiche Wertetabelle erhält.
Man sagt daher: Die beiden Schaltungen sind *gleichwertig*.

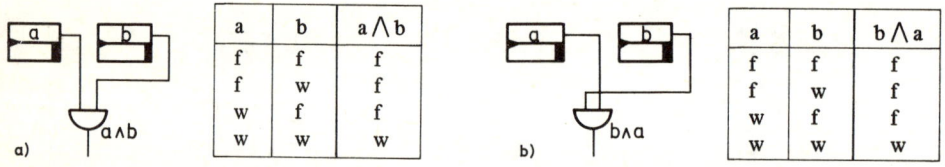

Bild 1.49. Schaltung und Wertetabelle (a) für den Term a ∧ b und (b) für den Term b ∧ a. Die
Schaltungen sind gleichwertig.

Bestimmt man die Wertetabellen für a ∧ b und b ∧ a nach der Definition der Konjunktion,
so findet man ebenfalls Übereinstimmung. Für a und b können nun beliebige andere Terme
stehen. Da diese auch nur den Wert f oder den Wert w annehmen können, gilt ebenfalls die
Gleichheit ihrer Wertetabellen. Man darf also zwei durch Konjunktion miteinander ver-
knüpfte Terme vertauschen, ohne daß das Konjunkt seinen Wert ändert.

Terme, die auf gleiche Wertetabellen führen, sollen *gleich* genannt werden. Mit dem Gleich-
heitszeichen kann man demnach a ∧ b = b ∧ a schreiben.

Da im Karnaugh-Diagramm jeder Wertekombination der Variablen eines Terms ein Feld zugeordnet ist und da auch umgekehrt jedem Feld eine Wertekombination entspricht, haben gleiche Terme gleiche Karnaugh-Diagramme. Bild 1.50 zeigt das gemeinsame Karnaugh-Diagramm von a $\wedge$ b und b $\wedge$ a.

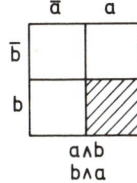

Bild 1.50
Gemeinsames Karnaugh-Diagramm
der Terme a $\wedge$ b und b $\wedge$ a

Die Gleichung a $\wedge$ b = b $\wedge$ a gibt die Vertauschbarkeit der Terme bezüglich der Konjunktion an. Eine entsprechende Eigenschaft haben die Addition und Multiplikation in der Zahlenalgebra. Beispielsweise dürfen die Summanden vertauscht werden, ohne daß sich die Summe ändert. Man schreibt kurz x + y = y + x, wobei x und y Variablen für reelle Zahlen sind. Die durch diese Gleichung ausgedrückte Gesetzmäßigkeit wird als *Kommutativgesetz der Addition* bezeichnet. Da die Gleichung a $\wedge$ b = b $\wedge$ a die Vertauschbarkeit der Terme a und b bezüglich der Konjunktion angibt, beschreibt sie das *Kommutativgesetz der Konjunktion*.

Das Kommutativgesetz der Konjunktion gilt in der Aussagenalgebra und in der Schaltalgebra. Da Schaltalgebra und Aussagenalgebra Modelle der Booleschen Algebra sind, ist dieses Gesetz ein Gesetz der Booleschen Algebra. Wir werden sehen, daß z.B. die Zahlenalgebra keine Boolesche Algebra ist, obwohl für Addition und Multiplikation das Kommutativgesetz gilt. Damit eine Boolesche Algebra vorliegt, müssen weitere Gesetze erfüllt sein, die nicht alle in der Zahlenalgebra gelten.

Im folgenden sollen weitere Gleichheiten von Termen ermittelt und als Gesetze der Booleschen Algebra formuliert werden. Wegen der Isomorphie von Aussagenalgebra und Schaltalgebra sind die Schaltungen zu gleichen Termen gleichwertig und umgekehrt sind die Terme zu gleichwertigen Schaltungen gleich. Deshalb läßt sich die Gleichheit von Termen durch aussagenalgebraische Rechnung oder experimentell beweisen.

Zum Kommutativgesetz der Konjunktion gibt es ein entsprechendes Gesetz bei der Adjunktion, denn die Terme a $\vee$ b und b $\vee$ a führen auf die gleiche Wertetabelle. Es heißt *Kommutativgesetz der Adjunktion:* a $\vee$ b = b $\vee$ a. Dieses Gesetz gilt ebenfalls für die ODER-Schaltung; es ist gleichgültig, in welcher Reihenfolge zwei Eingänge eines ODER-Gatters verwendet werden.

Nebenstehende Tabelle zeigt: Die Wertetabellen für die Terme a und $\bar{\bar{a}}$ stimmen überein, d.h. es gilt die Gleichung $\bar{\bar{a}}$ = a. Durch sie wird das *Gesetz der doppelten Negation* ausgedrückt.

Tabelle 1.23

a	$\bar{a}$	$\bar{\bar{a}}$
f	w	f
w	f	w

37

Gleiche Terme brauchen nicht die gleiche Anzahl von Variablen zu enthalten. Das zeigt z.B. die Wertetabelle der Terme $(a \vee \bar{a}) \wedge (b \vee c)$. Die zugehörige Schaltung besteht aus zwei ODER-Gattern und einem UND-Gatter (Bild 1.51). Schreibt man die acht Wertetripel in die Variablenglieder ein, so erkennt man, daß die Lampen am Ausgang des rechten ODER-Gatters und am Ausgang des UND-Gatters stets zugleich leuchten oder nicht leuchten. Es gilt die Gleichung $(a \vee \bar{a}) \wedge (b \vee c) = b \vee c$.

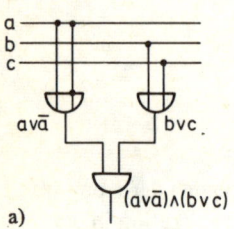

a)

a	b	c	b $\vee$ c	$(a \vee \bar{a}) \wedge (b \vee c)$
f	f	f	f	f
f	f	w	w	w
f	w	f	w	w
f	w	w	w	w
w	f	f	f	f
w	f	w	w	w
w	w	f	w	w
w	w	w	w	w

b)

Bild 1.51. Schaltung (a) und Wertetabelle (b) des Terms $(a \wedge \bar{a}) \vee (b \wedge c)$. Die Wertetabelle zeigt, daß $(a \wedge \bar{a}) \wedge (b \vee c) = b \vee c$ ist.

Woran liegt es, daß zwei Terme mit verschiedener Anzahl von Variablen gleich sein können? Die Antwort ergibt sich aus der angegebenen Schaltung. Man beobachtet: Die Lampe am Ausgang des linken ODER-Gatters, die den Wert für den Term $a \vee \bar{a}$ anzeigt, leuchtet bei jeder Wertekombination. Der Term $a \vee \bar{a}$ nimmt also stets den Wert w an. Bildet man das Konjunkt der Terme $a \vee \bar{a}$ und $b \vee c$, von denen der eine, $a \vee \bar{a}$, immer den Wert w hat, so wird der Wert des Konjunkts allein durch den jeweiligen Wert des anderen Terms $b \vee c$ bestimmt. Dies folgt aus der Definition des Konjunkts, das genau dann wahr ist, wenn beide Terme den Wert w annehmen. Der Wert des Terms $a \vee \bar{a}$ hat also keinen Einfluß auf den Wert des Konjunkts $(a \vee \bar{a}) \wedge (b \vee c)$ und kann weggelassen werden. Damit erhält man die Gleichung $(a \vee \bar{a}) \wedge (b \vee c) = b \vee c$ zwischen zwei Termen mit unterschiedlicher Variablenzahl.

Wie soeben gezeigt wurde, nimmt der Term $a \vee \bar{a}$ bei beiden Werten für die Variable a den Wert w an. Daraus ergibt sich die Gleichung $a \vee \bar{a} = w$; sie bestimmt das *Gesetz vom ausgeschlossenen Dritten*. Es ist eine Folge davon, daß es nur zwei Werte f und w gibt.

Im Karnaugh-Diagramm eines Terms, der für alle Wertekombinationen den Wert w annimmt, sind alle Felder schraffiert. Das Karnaugh-Diagramm des Terms $a \vee \bar{a}$ zeigt Bild 1.52.

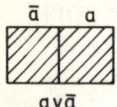

Bild 1.52
Da der Term $a \vee \bar{a}$ für die Werte f und w den Wert w erhält, sind alle Felder schraffiert.

Es liegt die Frage nahe, ob es auch Terme gibt, die bei jeder Wertekombination den Wert f erhalten. Ein einfacher Term mit dieser Eigenschaft ergibt sich ebenfalls daraus, daß es nur zwei Werte gibt: Das Konjunkt des Terms a und seines Negats $\bar{a}$ muß immer den Wert f annehmen, da der Term a und sein Negat ā nicht zugleich den Wert w erhalten können. Die Terme a und ā widersprechen einander; es gilt das *Gesetz vom Widerspruch*: a ∧ ā = f. Im Karnaugh-Diagramm eines Terms, der bei jeder Wertekombination den Wert f annimmt, darf kein Feld schraffiert sein. Bild 1.53 zeigt Schaltung, Wertetabelle und Karnaugh-Diagramm des Terms a ∧ ā.

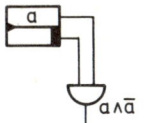

a	a ∧ ā
f	f
w	f

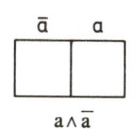

a ∧ ā

Bild 1.53
Schaltung, Wertetabelle und Karnaugh-Diagramm des Terms a ∧ ā. Im Karnaugh-Diagramm ist kein Feld schraffiert, da der Term a ∧ ā stets den Wert f annimmt.

Nach den Definitionen von Konjunktion und Adjunktion werden jeweils zwei Terme a und b miteinander zum Konjunkt a ∧ b bzw. zum Adjunkt a ∨ b verknüpft. Will man nun drei Terme a, b und c beispielsweise durch die Konjunktion miteinander verknüpfen, so hat man zwei Möglichkeiten, nämlich zuerst das Konjunkt von a und b und dann das Konjunkt dieses Verknüpfungsergebnisses mit c zu bilden. Dies kann unter Verwendung von Klammern als (a ∧ b) ∧ c geschrieben werden. Die zweite Möglichkeit ist durch den Term a ∧ (b ∧ c) gegeben. Hier wird das Konjunkt der Terme a und b ∧ c gebildet.

Es soll experimentell geprüft werden, ob die beiden Terme (a ∧ b) ∧ c und a ∧ (b ∧ c) gleich sind. Dazu bauen wir die zugehörigen Schaltungen aus je zwei UND-Gattern auf. Um die Wertetabellen direkt vergleichen zu können, werden die Eingänge beider Schaltungen mit den oberen Ausgängen der Variablenglieder für die Terme a, b und c verbunden. Dadurch ist gewährleistet, daß für jede Wertekombination bei beiden Termen der zugeordnete Wert gleichzeitig ermittelt wird (Bild 1.54). Der Versuch ergibt Übereinstimmung der Wertetabellen und damit Gleichheit der Terme. Die Gleichung (a ∧ b) ∧ c = a ∧ (b ∧ c) drückt das *Assoziativgesetz der Konjunktion* aus.

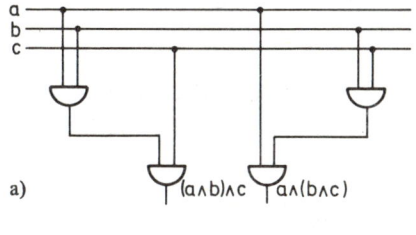

a)   (a∧b)∧c   a∧(b∧c)

a	b	c	(a ∧ b) ∧ c	a ∧ (b ∧ c)
f	f	f	f	f
f	f	w	f	f
f	w	f	f	f
f	w	w	f	f
w	f	f	f	f
w	f	w	f	f
w	w	f	f	f
w	w	w	w	w

b)

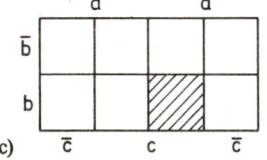

c)

Bild 1.54. Mit der Schaltung (a) wird die Tabelle (b) aufgenommen. Die Gleichheit der beiden letzten Spalten zeigt die Gültigkeit des Assoziativgesetzes der Konjunktion: (a ∧ b) ∧ c = a ∧ (b ∧ c). Die Terme beider Seiten der Gleichung führen zum gleichen Karnaugh-Diagramm (c).

In der Aufgabe 1.31 soll gezeigt werden, daß auch für die Adjunktion das Assoziativgesetz gilt: $(a \lor b) \lor c = a \lor (b \lor c)$. Aus den Assoziativgesetzen folgt, daß man UND- und ODER-Gatter mit mehreren Eingängen herstellen kann. Dadurch vereinfachen sich die Schaltungen erheblich (Bild 1.55). Die Gatter des Lehrgeräts SIMULOG (Bild 1.23 und Bild 1.27) besitzen vier Eingänge.

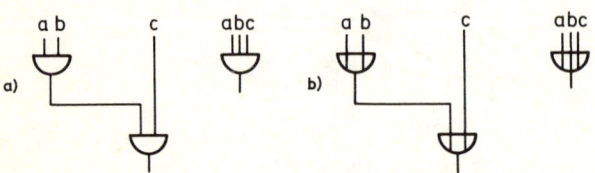

Bild 1.55
Aufgrund der Assoziativgesetze der Konjunktion und Adjunktion kann man (a) UND-Gatter, (b) ODER-Gatter mit mehreren Eingängen herstellen.

Auch die Schreibweise von Termen läßt sich vereinfachen. Da es nicht auf die Reihenfolge der Konjunktionen bzw. Adjunktionen ankommt, kann man in den Termen die Klammern fortlassen:

$(a \land b) \land c = a \land b \land c$ $\qquad a \land (b \land c) = a \land b \land c$

$(a \lor b) \lor c = a \lor b \lor c$ $\qquad a \lor (b \lor c) = a \lor b \lor c$

In der Zahlenalgebra gilt ebenfalls das Assoziativgesetz für die Addition und die Multiplikation. Beispielsweise kann man in der Aufgabe $10 \cdot 7 \cdot 5$ die Zahlen 10 und 7 oder die Zahlen 7 und 5 zu einem Teilprodukt zusammenfassen. Man rechnet entweder $(10 \cdot 7) \cdot 5$ oder $10 \cdot (7 \cdot 5)$ und erhält $70 \cdot 5 = 350$ bzw. $10 \cdot 35 = 350$. Das Assoziativgesetz der Multiplikation läßt sich ausdrücken durch die Gleichung $(x \cdot y) \cdot z = x \cdot (y \cdot z)$, wobei x, y und z Variable für reelle Zahlen sind.

Verknüpft man einen Term a durch Konjunktion mit sich selbst, so erhält man den Term $a \land a$. Die Rechnung $w \land w = w$ und $f \land f = f$ zeigt, daß dieser Term den gleichen Wert wie a annimmt. Demnach gilt: $a \land a = a$; man spricht vom *Idempotenzgesetz der Konjunktion*. Entsprechend überlegt man sich, daß für die Adjunktion das Idempotenzgesetz gilt: $a \lor a = a$.

Ein dem Idempotenzgesetz entsprechendes Gesetz gibt es in der Zahlenalgebra nicht, denn $x + x = x$ gilt nur, wenn man für die Zahlenvariable x die Zahl 0 einsetzt. Die Gleichung $x \cdot x = x$ ist nur für die Zahlen 0 und 1 erfüllt.

Die Idempotenzgesetze lassen sich dazu verwenden, Terme und Schaltungen zu vereinfachen. Da sich gleiche Terme bezüglich ihrer Wertetabelle nicht voneinander unterscheiden, kann man jeden Term durch einen gleichen ersetzen. Von zwei gleichen Termen ist derjenige einfacher, der weniger Variablen oder Verknüpfungszeichen enthält. Wegen der Isomorphie von Aussagenalgebra und Schaltalgebra gehören zu gleichen Termen gleichwertige Schaltungen, die untereinander austauschbar sind. Entsprechend ist von zwei gleichwertigen Schaltungen diejenige einfacher, die aus weniger Variablengliedern, Gattern oder Schaltverbindungen besteht.

Beispielsweise gehört zur Schaltung nach Bild 1.56a der Term $(a \lor b) \land (a \lor b)$. Das Adjunkt $a \lor b$ ist durch Konjunktion mit sich selbst verknüpft; daher ist das Konjunkt nach dem Idempotenzgesetz der Konjunktion gleich dem Term $a \lor b$:

$$(a \lor b) \land (a \lor b) = a \lor b.$$

Der rechte Term läßt sich durch eine weit einfachere Schaltung realisieren (Bild 1.56b).

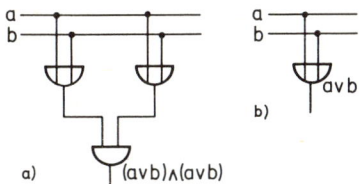

Bild 1.56

Schaltung (a) für den Term $(a \lor b) \land (a \lor b)$ und (b) für den Term $a \lor b$. Beide Schaltungen sind gleichwertig nach dem Idempotenzgesetz der Konjunktion.

Der Term $a \land \bar{a}$ läßt sich durch den Term f, der Term $a \lor \bar{a}$ durch den Term w ersetzen. Es soll jetzt untersucht werden, welche Terme sich ergeben, wenn man den Term a mit f oder w verknüpft.

Die Konjunktion des Terms a mit f oder w führt auf die Gleichungen $a \land f = f$ und $a \land w = a$. Da das Konjunkt der Terme a und w wieder der Term a ist, heißt w das neutrale Element der Konjunktion. Der Term f ist das neutrale Element der Adjunktion, da $a \lor f = a$ ist. Bildet man das Adjunkt der Terme a und w, so ergibt sich der Term w; es gilt $a \lor w = w$.

Auch die Gesetze, in denen die Terme f oder w vorkommen, lassen sich zur Vereinfachung von Termen und damit zur Vereinfachung der zugehörigen Schaltungen heranziehen. Soll z.B. der Term $(a \lor b) \land \overline{a \lor b} \land c$ realisiert werden, dann kann man ihn nach dem Gesetz vom Widerspruch durch den gleichen Term $f \land c$ ersetzen:

$$(a \lor b) \land \overline{a \lor b} \land c = f \land c.$$

Nach dem Gesetz $a \land f = f$ ergibt sich unter zusätzlicher Anwendung des Kommutativgesetzes der Konjunktion die Gleichung

$$(a \lor b) \land \overline{a \lor b} \land c = f.$$

Die Schaltung des gegebenen Terms läßt sich also durch Anlegen der Spannung 0 V realisieren.

Aufgabe 1.29: Untersuchen Sie, ob die angegebenen Terme gleich sind.

a) $a \land b \lor c$ und $\bar{a} \lor (\bar{b} \lor c)$
b) $a \land (b \lor c)$ und $a \lor (b \land c)$
c) $\bar{a} \lor (\bar{a} \lor b)$ und $b \lor \bar{a}$
d) $(\bar{a} \lor b) \land \bar{c}$ und $\bar{a} \lor (\bar{c} \land b)$
e) $[(a \lor b) \land c] \lor [(a \lor b) \land \bar{c}]$ und $a \lor b$
f) $(a \land \bar{b} \land \bar{c}) \lor (a \land \bar{b} \land c)$ und $\overline{\bar{a} \lor \bar{b}}$
g) $(a \lor c) \land (a \lor \bar{c}) \land \bar{a}$ und w
h) $(\bar{a} \lor b) \land c$ und $(a \land \bar{b}) \lor \bar{c}$

Aufgabe 1.30: UND-Gatter und ODER-Gatter des SIMULOG lassen sich als NICHT-Gatter verwenden, da sie einen Ausgang für das Negat enthalten.

a) Simulieren Sie die Negation mit den angegebenen Schaltungen!

b) Weisen Sie das Gesetz der doppelten Negation mit Hilfe von UND- bzw. ODER-Gattern nach!

Aufgabe 1.31: Weisen Sie die Gültigkeit des Assoziativgesetzes der Adjunktion $(a \lor b) \land c = a \lor (b \lor c)$ experimentell oder durch aussagenalgebraische Rechnung nach. Zeichnen Sie das gemeinsame Karnaugh-Diagramm der beiden Terme.

Aufgabe 1.32: Eine Anwendung des Idempotenzgesetzes der Adjunktion liegt darin, das Kombigatter (s. Aufgabe 1.27) als UND-Gatter zu benutzen. Wie muß es geschaltet werden?

Aufgabe 1.33: Vereinfachen Sie die gegebenen Schaltungen so weit wie möglich!

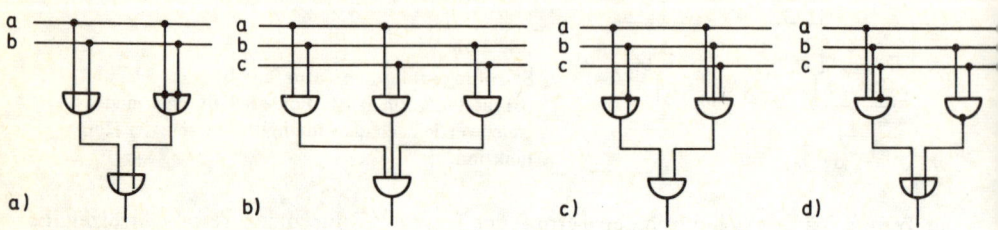

Aufgabe 1.34: a) Erweitern Sie das Baumdiagramm auf vier Variablen und geben Sie alle Wertekombinationen an.

b) Das Karnaugh-Diagramm für vier Variablen erhält man aus dem für drei Variablen durch eine weitere Unterteilung der Felder.
Ordnen Sie jedem Feld eine Wertekombination zu.

c) Geben Sie die Wertetabelle des Terms $(\bar{a} \lor b) \land (c \lor \bar{d})$ an und zeichnen Sie das Karnaugh-Diagramm des Terms.

1.7. Dualität der Gesetze

Die bisher gefundenen Gesetze der Booleschen Algebra sollen noch einmal übersichtlich in Form von Gleichungen zusammengestellt werden:

Gesetz der doppelten Negation:
$$\bar{\bar{a}} = a$$

Gesetze der Konjunktion

Kommutativgesetz:
$$a \land b = b \land a$$

Assoziativgesetz:
$$(a \land b) \land c = a \land (b \land c)$$

Idempotenzgesetz:
$$a \land a = a$$

Gesetze der Adjunktion

Kommutativgesetz:
$$a \lor b = b \lor a$$

Assoziativgesetz:
$$(a \lor b) \lor c = a \lor (b \lor c)$$

Idempotenzgesetz:
$$a \lor a = a$$

42

Gesetz vom Widerspruch:	Gesetz vom ausgeschlossenen Dritten:

$$a \wedge \bar{a} = f \qquad\qquad a \vee \bar{a} = w$$

Gesetze mit f und w:	Gesetze mit f und w:

$$a \wedge f = f \qquad\qquad a \vee w = w$$
$$a \wedge w = a \qquad\qquad a \vee f = a$$

Die Gegenüberstellung der Gesetze der Konjunktion und Adjunktion zeigt, daß sich aus einem Gesetz ein neues ergibt, wenn man die Verknüpfungszeichen ∧ und ∨ und zugleich die Terme f und w austauscht. Diese Eigenschaft wird als *Dualität* bezeichnet, die Gesetze sind zueinander *dual*. Geht man von einem beliebigen Gesetz zu seinem dualen über, so ergibt sich wieder ein gültiges Gesetz. Das ist die Aussage des *Dualitätsprinzips*.

Die Gültigkeit des Dualitätsprinzips läßt sich begründen. Es folgt aus den Definitionen der Negation, der Konjunktion und der Adjunktion von Wahrheitswerten. Tauscht man in der Verknüpfungstabelle der Konjunktion die Werte f und w aus, so erhält man die Verknüpfungstabelle der Adjunktion. Die Wertepaare treten dabei nicht in der üblichen, sondern in umgekehrter Reihenfolge auf (Tabelle 1.24).

Geht man umgekehrt von der Verknüpfungstabelle der Adjunktion aus, so ergibt sich nach Austauschen der Werte f und w die Verknüpfungstabelle der Konjunktion.

Die Wertetabelle für die Negation geht beim Austauschen der Werte f und w in sich über.

Tabelle 1.24

a	b	$a \wedge b$
f	f	f
f	w	f
w	f	f
w	w	w

a	b	$a \vee b$
w	w	w
w	f	w
f	w	w
f	f	f

a	$\bar{a}$
f	w
w	f

a	$\bar{a}$
w	f
f	w

Mit Hilfe des Dualitätsprinzips kann man zu jeder Gleichung ihre duale finden. Dies soll am Beispiel der Gleichung $(a \vee b) \wedge \overline{a \vee b} \wedge c = f$ gezeigt werden.

Nach dem Dualitätsprinzip erhält man die duale Gleichung, wenn man die Verknüpfungszeichen ∧ und ∨ und zugleich die Werte f und w austauscht:

$$(a \wedge b) \vee \overline{a \wedge b} \vee c = w \,.$$

Die Gültigkeit dieser Gleichung läßt sich ebenfalls durch Termumformungen nach den Gesetzen der Booleschen Algebra zeigen. Die Gesetze, nach denen die Umformungen durchgeführt worden sind, stehen in Klammern.

$$(a \wedge b) \vee \overline{a \wedge b} \vee c = w \vee c$$

{ (Assoziativgesetz der Adjunktion und Gesetz vom ausgeschlossenen Dritten)

$$= c \vee w \qquad \text{(Kommutativgesetz)}$$
$$= w \qquad \text{(Gesetz } a \vee w = w)$$

43

Bisher sind die Gesetze der Negation, Konjunktion und Adjunktion aufgestellt worden. Jetzt sollen die Gesetze ermittelt werden, die eine Verbindung zwischen den Verknüpfungen Konjunktion und Adjunktion herstellen.

In der Zahlenalgebra gibt es als verbindendes Gesetz zwischen Addition und Multiplikation das Distributivgesetz $x \cdot (y + z) = x \cdot y + x \cdot z$, wobei x, y und z Variablen für reelle Zahlen sind. Nun soll untersucht werden, ob es ein entsprechendes Gesetz für Konjunktion und Adjunktion gibt. Es kann zwei Formen haben:

$$a \wedge (b \vee c) = (a \wedge b) \vee (a \wedge c),$$
$$a \vee (b \wedge c) = (a \vee b) \wedge (a \vee c).$$

Die Gleichheit der Terme $a \wedge (b \vee c)$ und $(a \wedge b) \vee (a \wedge c)$ wird mit Hilfe des experimentellen Verfahrens untersucht. Dazu realisieren wir beide Terme und verbinden die Eingänge der Schaltungen mit den oberen Ausgängen von drei Variablengliedern für die Terme a, b und c (Bild 1.57). Aus der aufgenommenen Wertetabelle folgt die Gleichung

$$a \wedge (b \vee c) = (a \wedge b) \vee (a \wedge c),$$

die als *Distributivgesetz* bezeichnet wird.

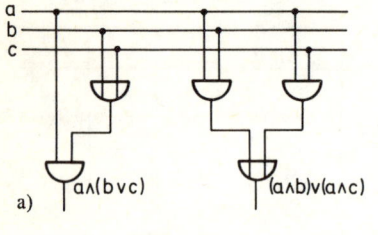

a)

a	b	c	$a \wedge (b \vee c)$	$(a \wedge b) \vee (a \wedge c)$
f	f	f	f	f
f	f	w	f	f
f	w	f	f	f
f	w	w	f	f
w	f	f	f	f
w	f	w	w	w
w	w	f	w	w
w	w	w	w	w

b)

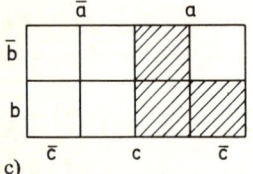

c)

Bild 1.57. Schaltung (a) und Wertetabelle (b) zum Nachweis der Gültigkeit des Distributivgesetzes $a \wedge (b \vee c) = (a \wedge b) \vee (a \wedge c)$. Das Karnaugh-Diagramm (c) veranschaulicht den Term $a \wedge (b \vee c)$ und den Term $(a \wedge b) \vee (a \wedge c)$.

Aus dem hergeleiteten Distributivgesetz ergibt sich mit Hilfe des Dualitätsprinzips das duale Gesetz: $a \vee (b \wedge c) = (a \vee b) \wedge (a \vee c)$. Das ist die zweite Form des Distributivgesetzes.

Hier wird ein wesentlicher Unterschied zwischen Boolescher Algebra und Zahlenalgebra deutlich. In der Zahlenalgebra gilt nicht ein Gesetz, das aus dem Distributivgesetz $x \cdot (y + z) = x \cdot y + x \cdot z$ durch Austauschen der Verknüpfungszeichen · und + entsteht. Addition und Multiplikation sind nicht gleichrangig wie Konjunktion und Adjunktion. Die Multiplikation ist der Addition übergeordnet, was durch die Regel „Punktrechnung vor Strichrechnung" zum Ausdruck kommt. Daran läßt sich erneut erkennen: Die Zahlenalgebra ist keine Boolesche Algebra.

In der Booleschen Algebra gelten zwei Distributivgesetze:

$$a \wedge (b \vee c) = (a \wedge b) \vee (a \wedge c),$$
$$a \vee (b \wedge c) = (a \vee b) \wedge (a \vee c).$$

Beide Gesetze lassen sich häufig bei der Vereinfachung von Termen und Schaltungen anwenden. Zur Schaltung nach Bild 1.58 gehört der Term $(a \vee b \vee \bar{c}) \wedge (a \vee b \vee c)$. Er läßt sich nach dem Distributivgesetz $a \vee (b \wedge c) = (a \vee b) \wedge (a \vee c)$ vereinfachen. Zuvor muß nach dem Assoziativgesetz der Adjunktion umgeformt werden:

$$
\begin{aligned}
(a \vee b \vee \bar{c}) \wedge (a \vee b \vee c) &= [(a \vee b) \vee \bar{c}] \wedge [(a \vee b) \vee c] && \text{(Assoziativgesetz)} \\
&= (a \vee b) \vee (\bar{c} \wedge c) && \text{(Distributivgesetz)} \\
&= (a \vee b) \vee (c \wedge \bar{c}) && \text{(Kommutativgesetz)} \\
&= (a \vee b) \vee f && \text{(Gesetz vom Widerspruch)} \\
&= a \vee b && \text{(Gesetz } a \vee f = a)
\end{aligned}
$$

Die ursprüngliche Schaltung aus zwei ODER-Gattern und einem UND-Gatter läßt sich aufgrund der gezeigten Gleichheit mit einem einzigen ODER-Gatter schalten.

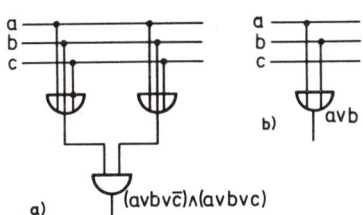
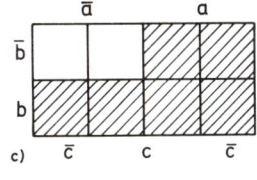

Bild 1.58. Schaltung (a) zum Term $(a \vee b \vee \bar{c}) \wedge (a \vee b \vee c)$, gleichwertige Schaltung (b) zum Term $a \vee b$ und gemeinsames Karnaugh-Diagramm (c)

Aus der Verknüpfungstabelle der Konjunktion erhält man durch Negation die Wertetabelle des Terms $\overline{a \wedge b}$. Er nimmt nur für das Wertepaar ww den Wert f an. Auf die gleiche Wertetabelle führt das Adjunkt der Term $\bar{a}$ und $\bar{b}$ (Tabelle 1.25). Es gilt die Gleichung $\overline{a \wedge b} = \bar{a} \vee \bar{b}$, die das *Gesetz von de Morgan* beschreibt.

Wegen des Dualitätsprinzips führt das Austauschen der Verknüpfungszeichen auf eine weitere Gleichung. In der Booleschen Algebra gelten die beiden Gesetze von de Morgan:

$$\overline{a \wedge b} = \bar{a} \vee \bar{b}$$

und

$$\overline{a \vee b} = \bar{a} \wedge \bar{b}$$

Tabelle 1.25

a	b	$\overline{a \wedge b}$		a	b	$\bar{a} \vee \bar{b}$
f	f	w		f	f	w
f	w	w		f	w	w
w	f	w		w	f	w
w	w	f		w	w	f

Eine Anwendung der Gesetze von de Morgan ist beispielsweise durch die Aufgabe gegeben, den Term $\overline{a \wedge \overline{b \vee c}} \vee \bar{a} \vee \bar{c}$ zu vereinfachen. Die bei den Termumformungen verwendeten Gesetze sind in jeder Zeile angegeben:

$$\overline{a \wedge \overline{b \vee c}} \vee \overline{a} \vee \overline{c} = \overline{\overline{a}} \vee \overline{\overline{b \vee c}} \vee \overline{a} \vee \overline{c}$$

(Gesetz von de Morgan und Assoziativgesetz der Adjunktion)

$$= \overline{a} \vee b \vee c \vee \overline{a} \vee \overline{c}$$

(Gesetz der doppelten Negation und Assoziativgesetz der Adjunktion)

$$= (\overline{a} \vee \overline{a}) \vee b \vee (c \vee \overline{c})$$

(Kommutativ- und Assoziativgesetz der Adjunktion)

$$= \overline{a} \vee b \vee (c \vee \overline{c})$$

(Idempotenzgesetz der Adjunktion)

$$= \overline{a} \vee b \vee w$$

(Gesetz vom ausgeschlossenen Dritten)

$$= w$$

(Assoziativgesetz der Adjunktion und Gesetz $a \vee w = w$)

Den Schaltplan des Terms $\overline{a \wedge \overline{b \vee c}} \vee \overline{a} \vee \overline{c}$, seine Wertetabelle und sein Karnaugh-Diagramm zeigt Bild 1.59.

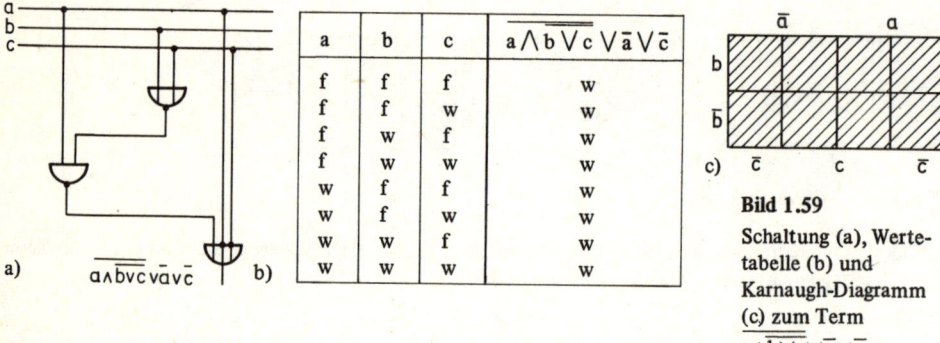

a	b	c	$\overline{a \wedge \overline{b \vee c}} \vee \overline{a} \vee \overline{c}$
f	f	f	w
f	f	w	w
f	w	f	w
f	w	w	w
w	f	f	w
w	f	w	w
w	w	f	w
w	w	w	w

a) $\overline{a \wedge \overline{b \vee c}} \vee \overline{a} \vee \overline{c}$ b)

c)

Bild 1.59
Schaltung (a), Wertetabelle (b) und Karnaugh-Diagramm (c) zum Term $\overline{a \wedge \overline{b \vee c}} \vee \overline{a} \vee \overline{c}$

Aufgabe 1.35: Beweisen Sie unter Anwendung der bereits bekannten Gesetze und des Dualitätsprinzips, daß in der Booleschen Algebra die Absorptionsgesetze $a \wedge (a \vee b) = a$ und $a \vee (a \wedge b) = a$ gelten.

Aufgabe 1.36: Zeigen Sie die Gleichheit der Terme durch Anwendung der Gesetze der Booleschen Algebra.

a) $(a \wedge \overline{b}) \vee (a \wedge \overline{b} \wedge c) = a \wedge \overline{b}$

b) $(a \vee b) \wedge (\overline{a} \vee b) \wedge (a \vee \overline{b}) \wedge (\overline{a} \vee \overline{b}) = f$

c) $a \wedge \overline{b} \wedge c \vee (a \wedge c) = a \wedge (b \vee c)$

d) $\overline{(a \wedge b \wedge \overline{c})} \vee a \wedge \overline{b} \vee c = \overline{b} \vee c$

e) $(\overline{a} \wedge b \wedge \overline{c}) \vee (b \wedge c) = b \wedge (\overline{a} \vee c)$

f) $(a \wedge b \vee \overline{c}) \wedge (\overline{a} \vee b \vee \overline{c}) = \overline{a} \vee \overline{c}$

Aufgabe 1.37: Formen Sie die Gleichungen aus Aufgabe 1.36 nach dem Dualitätsprinzip um und zeigen Sie die Gültigkeit der entstandenen Gleichungen durch Anwendung der Gesetze der Booleschen Algebra.

Aufgabe 1.38: Weisen Sie die Gültigkeit des Distributivgesetzes $a \vee (b \wedge c) = (a \vee b) \wedge (a \vee c)$ experimentell oder durch aussagenalgebraische Rechnung nach.

Aufgabe 1.39: Vereinfachen Sie die gegebenen Schaltungen so weit wie möglich.

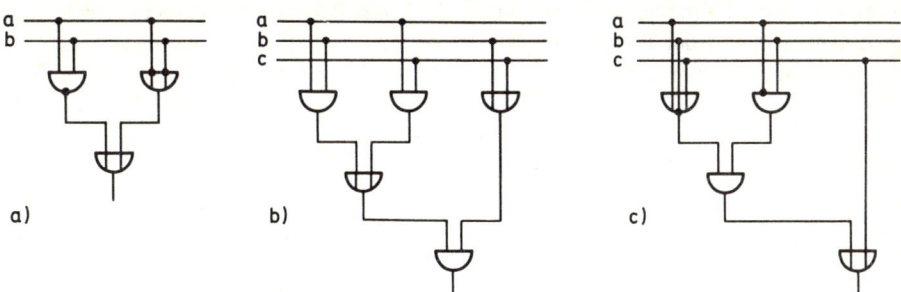

a)   b)   c)

1.8. Adjunktive Normalform

In den vorhergehenden Abschnitten wurde gezeigt, daß jeder aussagenalgebraische Term in eine Schaltung und umgekehrt jede Schaltung in einen Term übersetzt werden kann. Beispielsweise gehört zu dem Term $(a \wedge b) \vee (\overline{a} \wedge \overline{b})$ die Schaltung in Bild 1.60 und zur Schaltung in Bild 1.61 der Term $(\overline{a} \vee b) \wedge (a \vee \overline{b})$. Diese Übersetzung ist eineindeutig, wenn man von Umformungen des Terms oder der Schaltung mit Hilfe der Gesetze absieht.

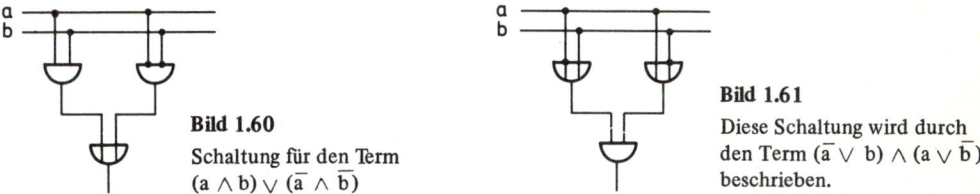

Bild 1.60
Schaltung für den Term
$(a \wedge b) \vee (\overline{a} \wedge \overline{b})$

Bild 1.61
Diese Schaltung wird durch
den Term $(\overline{a} \vee b) \wedge (a \vee \overline{b})$
beschrieben.

Zu jeder Wertetabelle kann man ein Karnaugh-Diagramm und zu jedem Karnaugh-Diagramm eine Wertetabelle angeben. Auch Wertetabelle und Karnaugh-Diagramm entsprechen einander in eindeutiger Weise. Außerdem läßt sich zu jedem Term die Wertetabelle und damit auch das Karnaugh-Diagramm aufstellen.

Die Beziehungen zwischen Term, Schaltung, Karnaugh-Diagrammen und Wertetabellen sind übersichtlich in dem Schema von Bild 1.40 dargestellt.

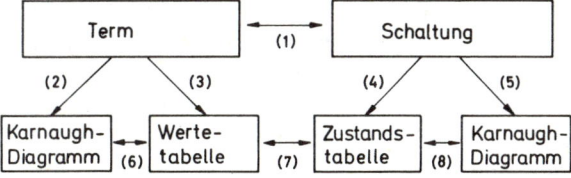

Die Pfeile geben an, daß die entsprechende Übersetzung möglich ist. Es bleibt noch zu untersuchen, ob auch der Rückweg von der Darstellung durch Tabelle oder Diagramm zum Term, also der Übergang von unten nach oben möglich ist. Es soll geprüft werden, ob zu jeder Wertetabelle (und damit zu jedem Karnaugh-Diagramm) ein Term angegeben werden kann, dessen Wertetabelle (bzw. Karnaugh-Diagramm) mit der gegebenen übereinstimmt.

In einfachen Fällen liest man den zugehörigen Term aus der Wertetabelle oder aus dem Karnaugh-Diagramm ohne Schwierigkeiten ab. So gehört zur Wertetabelle und zum Karnaugh-Diagramm in Bild 1.62 der Term $a \wedge \bar{b}$, da er genau bei der Wertekombination wf den Wert w und sonst den Wert f liefert.

a	b	x
f	f	f
f	w	f
w	f	w
w	w	f

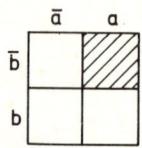

Bild 1.62
Zu dieser Wertetabelle und zu diesem Karnaugh-Diagramm gehört der Term $a \wedge \bar{b}$.

Ist eine Wertetabelle mit drei Variablen gegeben, in der nur für die Wertekombination fwf der Wert w und sonst f auftritt, so ist im Karnaugh-Diagramm genau ein Feld schraffiert (Bild 1.63). Das Konjunkt $\bar{a} \wedge b \wedge \bar{c}$ besitzt genau für die Wertekombination fwf den Wert w und sonst den Wert f.

a	b	c	x
f	f	f	f
f	f	w	f
f	w	f	w
f	w	w	f
w	f	f	f
w	f	w	f
w	w	f	f
w	w	w	f

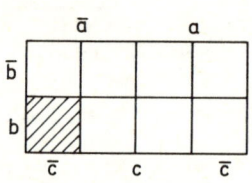

Bild 1.63
Zu dieser Wertetabelle und zu diesem Karnaugh-Diagramm gehört das Konjunkt $\bar{a} \wedge b \wedge \bar{c}$.

Diese Überlegungen lassen sich verallgemeinern: Zu jeder Zeile einer Tabelle mit dem Wert w gibt es ein Konjunkt, das genau für diese Wertekombination den Wert w liefert und sonst den Wert f. Ist zum Beispiel in einer Tabelle mit 2 Variablen a und b nur für die Wertekombination ff der Wert w gegeben, so gehört zur Tabelle der Term $\bar{a} \wedge \bar{b}$. Ergibt sich in einer Tabelle mit 3 Variablen nur für die Wertekombination wwf der Wert w, so wird die Zuordnung durch den Term $a \wedge b \wedge \bar{c}$ beschrieben.

Die Beispiele zeigen, wie man aus einer Wertekombination, der als einziger in einer Tabelle der Wert w zugeordnet wird, den zugehörigen Term bestimmen kann: Der Term besteht aus einem Konjunkt, in dem jede der vorkommenden Variablen genau einmal enthalten ist. Die Variable kommt negiert vor, wenn in der Wertekombination für die Variable der Wert f auftritt; sie kommt nicht negiert vor, wenn in der Wertekombination der Wert w auftritt. Derartige Konjunkte heißen *Elementarkonjunkte* [1]).

Ein Elementarkonjunkt mit n Variablen ist also ein Konjunkt, in dem jede der n Variablen entweder negiert oder nicht negiert genau einmal auftritt. Ein Elementarkonjunkt nimmt bei genau einer Wertekombination den Wert w an, in seinem Karnaugh-Diagramm ist genau ein Feld schraffiert.

_____
[1]) Statt Elementarkonjunkt findet man in der Literatur auch die Bezeichnung Minterm.

Mit zwei Variablen lassen sich vier verschiedene Elementarkonjunkte bilden, die den vier Zeilen einer Wertetabelle und den vier Feldern im Karnaugh-Diagramm entsprechen: $\bar{a} \wedge \bar{b}$, $\bar{a} \wedge b$, $a \wedge \bar{b}$, $a \wedge b$. Bei drei Variablen sind es $2^3 = 8$ verschiedene Elementarkonjunkte. Allgemein: Bei n Variablen gibt es 2^n verschiedene Elementarkonjunkte.

Tritt nun in einer Wertetabelle für mehr als eine Wertekombination der Wert w auf, so sind im zugehörigen Karnaugh-Diagramm mehrere Felder schraffiert. In diesem Fall bildet man zu jeder Zeile der Wertetabelle, die in der letzten Spalte den Wert w aufweist, beziehungsweise zu jedem schraffierten Feld des Karnaugh-Diagramms das zugehörige Elementarkonjunkt.

In dem Beispiel von Bild 1.64 erhält man die Elementarkonjunkte $\bar{a} \wedge b \wedge \bar{c}$, $\bar{a} \wedge b \wedge c$ und $a \wedge b \wedge c$. Der gesuchte Term soll den Wert w erhalten, wenn die Wertekombination fwf *oder* fww *oder* www vorliegt. Daher müssen die drei Elementarkonjunkte adjunktiv verknüpft werden. Der Term x für das Beispiel lautet also:

$$x = (\bar{a} \wedge b \wedge \bar{c}) \vee (\bar{a} \wedge b \wedge c) \vee (a \wedge b \wedge c).$$

Man prüft leicht nach, daß dieser Term nur für die Wertekombinationen fwf, fww und www den Wert w annimmt und sonst den Wert f.

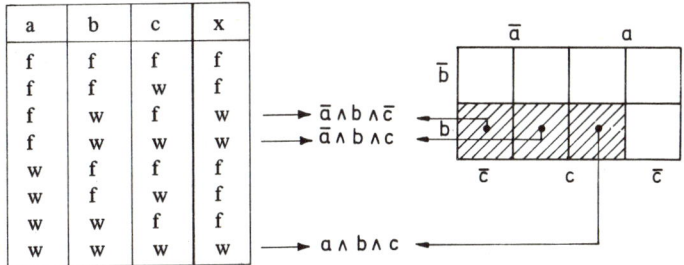

Bild 1.64. Der Term mit dieser Wertetabelle und diesem Karnaugh-Diagramm lautet: x = ($\bar{a} \wedge b \wedge \bar{c}$) $\vee$ ($\bar{a} \wedge b \wedge c$) $\vee$ (a $\wedge$ b $\wedge$ c). Man findet ihn, indem man zu jeder Wertekombination mit dem Wert w bzw. zu jedem schraffierten Feld das zugehörige Elementarkonjunkt aufstellt und das Adjunkt der erhaltenen Elementarkonjunkte bildet.

Ist ein Term als Adjunkt von Elementarkonjunkten mit n Variablen geschrieben, so sagt man, daß der Term in *adjunktiver Normalform* gegeben sei. Auch von einem Term, der nur aus einem Elementarkonjunkt besteht, sagt man, er sei in adjunktiver Normalform gegeben.

Danach sind die Terme r = $a \wedge b \wedge \bar{c} \wedge \bar{d}$ und s = $(a \wedge b) \vee (\bar{a} \wedge \bar{b}) \vee (a \wedge \bar{b})$ in Normalform gegeben. Die Terme t = $(a \wedge b) \vee (a \wedge \bar{b} \wedge c)$ und u = $(a \wedge \bar{b} \wedge c) \vee (a \vee b \vee c)$ stellen dagegen keine Terme in Normalform dar. Bei t ist das erste Konjunkt kein Elementarkonjunkt, da die Variable c nicht vorkommt; bei u steht in der zweiten Klammer ein Adjunkt und kein Konjunkt.

Kommen in der Normalform eines Terms mit zwei Variablen alle vier Elementarkonjunkte vor, so hat der Term für jede Wertekombination den Wert w. Es gilt

$$(\bar{a} \wedge \bar{b}) \vee (\bar{a} \wedge b) \vee (a \wedge \bar{b}) \vee (a \wedge b) = w.$$

Im zugehörigen Karnaugh-Diagramm sind dann alle Felder schraffiert. Allgemein gilt: Sind in der Normalform eines Terms mit n Variablen alle 2^n Elementarkonjunkte enthalten, so ist der Term stets gleich w.

Es zeigt sich: Zu jeder Tabelle, in der für mindestens eine Wertekombination der Wert w auftritt, kann in eindeutiger Weise ein Term in Normalform angegeben werden. Man findet ihn dadurch, daß man zu jeder Wertekombination, der der Wert w zugeordnet wird, das Elementarkonjunkt aufstellt und dann das Adjunkt aller dieser Elementarkonjunkte bildet. Entsprechend verfährt man, wenn das Karnaugh-Diagramm vorliegt. Ein weiteres Beispiel zu diesem Verfahren ist in Bild 1.65 angeführt.

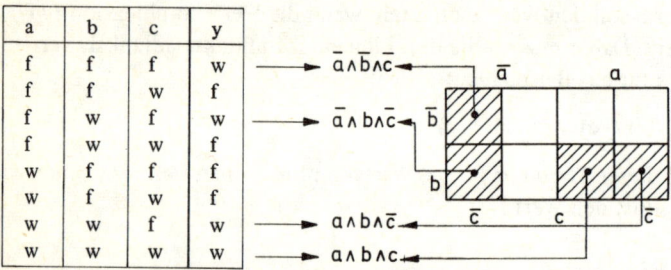

a	b	c	y
f	f	f	w
f	f	w	f
f	w	f	w
f	w	w	f
w	f	f	f
w	f	w	f
w	w	f	w
w	w	w	w

Bild 1.65. Zu dieser Tabelle und diesem Karnaugh-Diagramm erhält man den Term $y = (\overline{a} \wedge \overline{b} \wedge \overline{c}) \vee (\overline{a} \wedge b \wedge \overline{c}) \vee (a \wedge b \wedge \overline{c}) \vee (a \wedge b \wedge c)$.

Das in Bild 1.40 angegebene Schema kann nun durch je einen Pfeil vom Karnaugh-Diagramm zum Term und von der Wertetabelle zum Term ergänzt werden. Wegen der Isomorphie zwischen Aussagenalgebra und Schaltalgebra kann auch zu jeder Zustandstabelle bzw. zu jedem Karnaugh-Diagramm eine Schaltung angegeben werden, die dem Term in Normalform entspricht. Jedes Elementarkonjunkt wird durch ein UND-Gatter dargestellt, das soviel Eingänge hat, wie Variable vorhanden sind[1]. Die Ausgänge dieser UND-Gatter werden mit den Eingängen eines ODER-Gatters verbunden[1]. Zu der Tabelle und dem Karnaugh-Diagramm in Bild 1.65 gehört die Schaltung in Bild 1.66.

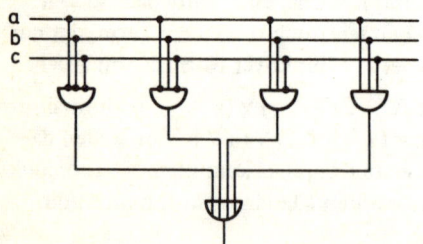

Bild 1.66

Schaltung für die in Bild 1.65 gegebene Tabelle bzw. für das Karnaugh-Diagramm

---

[1] Reicht die Anzahl der Eingänge bei dem verwendeten Gatter nicht aus, werden nach dem Assoziativgesetz zwei Gatter durch ein drittes verbunden. Statt $a \wedge b \wedge c \wedge d$ kann auch $(a \wedge b) \wedge (c \wedge d)$ geschrieben werden.

Zu jeder Wertetabelle und zu jedem Karnaugh-Diagramm kann also ein Term in Normalform angegeben werden. Umgekehrt läßt sich für einen Term in Normalform besonders einfach die Wertetabelle oder das Karnaugh-Diagramm aufstellen. Aus den einzelnen Elementarkonjunkten liest man sofort die Wertekombinationen ab, denen der Wert w zugeordnet ist. So wird durch den Term $z = (\overline{a} \wedge \overline{b} \wedge c) \vee (\overline{a} \wedge b \wedge c) \vee (a \wedge \overline{b} \wedge c) \vee (a \wedge b \wedge \overline{c})$ der Wert w den Wertekombinationen ffw, fww, wfw und wwf zugeordnet (Bild 1.67), der Wert f den übrigen Wertekombinationen.

	a	b	c	z
	f	f	f	f
$\overline{a} \wedge \overline{b} \wedge c \rightarrow$	f	f	w	w
	f	w	f	f
$\overline{a} \wedge b \wedge c \rightarrow$	f	w	w	w
	w	f	f	f
$a \wedge \overline{b} \wedge c \rightarrow$	w	f	w	w
$a \wedge b \wedge \overline{c} \rightarrow$	w	w	f	w
	w	w	w	f

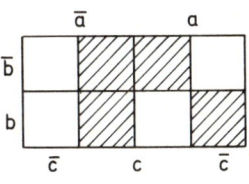

Bild 1.67. Zum Term $z = (\overline{a} \wedge \overline{b} \wedge c) \vee (\overline{a} \wedge b \wedge c) \vee (a \wedge \overline{b} \wedge c) \vee (a \wedge b \wedge \overline{c})$ stellt man die Tabelle und das Karnaugh-Diagramm auf, indem man zu jedem Elementarkonjunkt die Wertekombination feststellt, für die sich der Wert w ergibt, und diesen in der Ergebnisspalte vermerkt bzw. das zugehörige Feld schraffiert.

Es läßt sich zeigen, daß jeder Term, der für wenigstens eine Wertekombination den Wert w annimmt, in eindeutiger Weise in einen Term in Normalform entwickelt werden kann. Man könnte zu dem Term die eindeutig bestimmte Wertetabelle aufstellen und aus dieser den eindeutig bestimmten Term in Normalform entwickeln. Man kann aber auch den gegebenen Term mit Hilfe der aussagenalgebraischen Gesetze umformen. Das wird an den folgenden drei Beispielen gezeigt werden.

1. Beispiel: Der Term $x = (a \wedge b) \vee (a \wedge \overline{b} \wedge c)$ soll in Normalform entwickelt werden. Bei diesem Beispiel ist die letzte Klammer bereits ein Elementarkonjunkt. In der ersten Klammer fehlt die Variable c. Sie kann dadurch eingeführt werden, daß man das Konjunkt $a \wedge b$ durch w erweitert und dieses nach der Gleichung $w = c \vee \overline{c}$ ersetzt.

$$
\begin{aligned}
a \wedge b &= (a \wedge b) \wedge w && \text{(Gesetz } a = a \wedge w) \\
&= (a \wedge b) \wedge (c \vee \overline{c}) && \text{(Gesetz } w = c \vee \overline{c}) \\
&= [(a \wedge b) \wedge c] \vee [(a \wedge b) \wedge \overline{c}] && \text{(Distributivgesetz)} \\
&= (a \wedge b \wedge c) \vee (a \wedge b \wedge \overline{c}) && \text{(Assoziativgesetz)}
\end{aligned}
$$

Damit ist $(a \wedge b \wedge c) \vee (a \wedge b \wedge \overline{c}) \vee (a \wedge \overline{b} \wedge c)$ die Normalform für den Term x.

2. Beispiel: Der Term $y = [(a \wedge b) \vee c] \wedge (a \vee \overline{c})$ ist in die Normalform zu entwickeln. Im ersten Schritt wird mit Hilfe der Distributivgesetze so umgeformt, daß der Term als

Adjunkt von Konjunkten geschrieben ist. Dabei werden im allgemeinen noch nicht alle Konjunkte Elementarkonjunkte sein. Man erweitert dann die Konjunkte zu Elementarkonjunkten nach dem im 1. Beispiel angegebenen Verfahren[1]):

$$
\begin{aligned}
y &= [(a \wedge b) \vee c] \wedge (a \vee \bar{c}) \\
&= [(a \wedge b) \wedge (a \vee \bar{c})] \vee [c \wedge (a \vee \bar{c})] \quad \text{(Distributivgesetz)} \\
&= (a \wedge b \wedge a) \vee (a \wedge b \wedge \bar{c}) \vee (a \wedge c) \vee (c \wedge \bar{c}) \quad \text{(Distributivgesetz und Assoziativgesetz)} \\
&= (a \wedge b) \vee (a \wedge b \wedge \bar{c}) \vee (a \wedge c) \quad \begin{array}{l}\text{(Gesetze } a \wedge a = a, \\ c \wedge \bar{c} = f \text{ und } a \vee f = a)\end{array} \\
&= (a \wedge b \wedge w) \vee (a \wedge b \wedge \bar{c}) \vee (a \wedge c \wedge w) \quad \text{(Gesetz } a = a \wedge w) \\
&= [(a \wedge b) \wedge (c \vee \bar{c})] \vee (a \wedge b \wedge \bar{c}) \vee [(a \wedge c) \wedge (b \vee \bar{b})] \\
&\hspace{8cm} \text{(Gesetz } w = a \vee \bar{a}) \\
&= (a \wedge b \wedge c) \vee (a \wedge b \wedge \bar{c}) \vee (a \wedge b \wedge \bar{c}) \vee (a \wedge b \wedge c) \vee (a \wedge \bar{b} \wedge c) \\
&= (a \wedge b \wedge c) \vee (a \wedge b \wedge \bar{c}) \vee (a \wedge \bar{b} \wedge c) \quad \begin{array}{l}\text{(Distributivgesetz} \\ \text{und Assoziativgesetz)} \\ \text{(Gesetz } a \vee a = a)\end{array}
\end{aligned}
$$

3. Beispiel: Kommen in dem Term, der in die Normalform entwickelt werden soll, Negate von zusammengesetzten Termen vor, so sind zunächst die Gesetze von de Morgan anzuwenden:

$$
\begin{aligned}
z &= \overline{(\bar{a} \vee \bar{b})} \wedge \bar{c} \wedge (a \vee \bar{c}) \\
&= (\overline{\bar{a}} \vee \overline{\bar{b}} \vee \bar{\bar{c}}) \wedge (a \vee \bar{c}) \quad \text{(Gesetz von de Morgan)} \\
&= [(\bar{\bar{a}} \wedge \bar{\bar{b}}) \vee c] \wedge (a \vee \bar{c}) \quad \text{(Gesetz von de Morgan und Gesetz } \bar{\bar{a}} = a) \\
&= [(a \wedge b) \vee c] \wedge (a \vee \bar{c}) \quad \text{(Gesetz } \bar{\bar{a}} = a)
\end{aligned}
$$

Dieser Term entspricht dem im 2. Beispiel behandelten Term. Er wird dann wie dort beschrieben in die Normalform entwickelt.

Die Darstellung eines Terms in Normalform ist meistens aufwendiger als andere Darstellungen. Sie enthält mehr Variable und Verknüpfungen, die zugehörige Schaltung also mehr Variablenglieder und Gatter. Daher ist für die Anwendung der Normalform die Frage sehr wichtig: Wie kann man einen Term, der in Normalform angegeben ist, in einen Term mit möglichst wenig Variablen und Verknüpfungszeichen umformen?

Zu dem Term $x = (a \wedge b) \vee (a \wedge \bar{b})$ gehört die Schaltung in Bild 1.68 (a) und das Karnaugh-Diagramm in Bild 1.68 (b). Man entnimmt dem Karnaugh-Diagramm, daß der Term x zu a verkürzt werden kann.

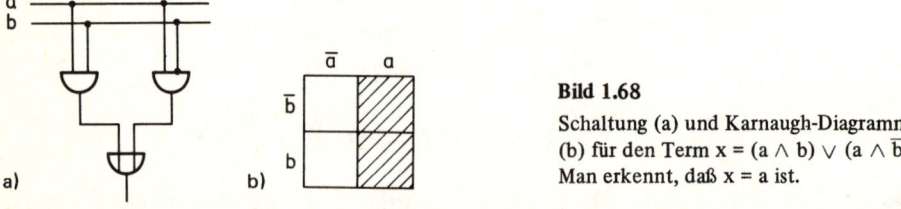

Bild 1.68
Schaltung (a) und Karnaugh-Diagramm (b) für den Term $x = (a \wedge b) \vee (a \wedge \bar{b})$. Man erkennt, daß x = a ist.

[1]) Bei allen Begründungen wird die Anwendung der Kommutativgesetze nicht vermerkt.

Die beiden schraffierten Felder im Karnaugh-Diagramm sind benachbart; die zugehörigen Elementarkonjunkte unterscheiden sich in der Variablen b. Diese kann, wie die folgende Rechnung zeigt, eliminiert werden.

$$
\begin{aligned}
x &= (a \wedge b) \vee (a \wedge \overline{b}) & \\
&= a \wedge (b \vee \overline{b}) & \text{(Distributivgesetz)} \\
&= a \wedge w & \text{(Gesetz } b \vee \overline{b} = w) \\
&= a & \text{(Gesetz } a \wedge w = a)
\end{aligned}
$$

Die Schaltung aus zwei UND-Gattern und einem ODER-Gatter kann durch eine einfache Verbindung zum Speicherglied a ersetzt werden. Ein weiteres Beispiel soll zeigen, daß auch bei Termen mit 3 Variablen nach dem gleichen Verfahren Vereinfachungen durchgeführt werden können.

Die Schaltung für den Term $y = (a \wedge b \wedge c) \vee (a \wedge b \wedge \overline{c}) \vee (\overline{a} \wedge \overline{b} \wedge \overline{c})$ in Bild 1.69 besteht aus drei UND-Gattern und einem ODER-Gatter. Der Schaltungsaufwand läßt sich verkleinern, indem man den in adjunktiver Normalform gegebenen Term vereinfacht.

$$
\begin{aligned}
y &= (a \wedge b \wedge c) \vee (a \wedge b \wedge \overline{c}) \vee (\overline{a} \wedge \overline{b} \wedge \overline{c}) & \\
&= [(a \wedge b) \wedge c] \vee [(a \wedge b) \wedge \overline{c}] \vee (\overline{a} \wedge \overline{b} \wedge \overline{c}) & \text{(Assoziativgesetz)} \\
&= [(a \wedge b) \wedge (c \vee \overline{c})] \vee (\overline{a} \wedge \overline{b} \wedge \overline{c}) & \text{(Distributivgesetz)} \\
&= [(a \wedge b) \wedge w] \vee (\overline{a} \wedge \overline{b} \wedge \overline{c}) & \text{(Gesetz } a \vee \overline{a} = w) \\
&= (a \wedge b) \vee (\overline{a} \wedge \overline{b} \wedge \overline{c}) & \text{(Gesetz } a \wedge w = a)
\end{aligned}
$$

Die zu diesem Term gehörige Schaltung (Bild 1.70) leistet die gleiche Zuordnung wie die Schaltung in Bild 1.69. Sie enthält jedoch nur noch zwei UND-Gatter und ein ODER-Gatter und weit weniger Verbindungen. Sie ist die günstigere Schaltung.

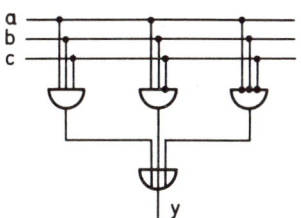

Bild 1.69
Schaltung zum Term $y = (a \wedge b \wedge c)$
$\vee (a \wedge b \wedge \overline{c}) \vee (\overline{a} \wedge \overline{b} \wedge \overline{c})$.

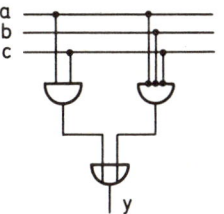

Bild 1.70
Der Term $y = (a \wedge b \wedge c) \vee (a \wedge b \wedge \overline{c})$
$\vee (\overline{a} \wedge \overline{b} \wedge c)$ läßt sich zum Term
$y = (a \wedge b) \vee (\overline{a} \wedge \overline{b} \wedge \overline{c})$ reduzieren.
Die Schaltung zu diesem Term
ist einfacher.

Die Umformungen in dem Beispiel zeigen, worauf es bei der Vereinfachung ankommt. Durch Anwenden des Distributivgesetzes muß man versuchen, auf einen Term der Art $y \vee \overline{y}$ zu kommen. Dieser Term kann dann zu w verkürzt und bei konjunktiver Verknüpfung nach dem Gesetz $a \wedge w = a$ weggelassen werden. Das ist die Umkehrung des Verfahrens, das man bei der Entwicklung eines Terms in seine Normalform anwendet (1. Beispiel).

Es ist nicht immer leicht, für einen vorgelegten Term alle Vereinfachungsmöglichkeiten zu erkennen. Ein sehr anschauliches Hilfsmittel zur Vereinfachung sind die Karnaugh-Diagramme. Das Karnaugh-Diagramm zum Term $y = (a \wedge b \wedge c) \vee (a \wedge b \wedge \bar{c}) \vee (\bar{a} \wedge \bar{b} \wedge \bar{c})$ in Bild 1.71 zeigt, daß zwei Felder benachbart sind. Die Wertekombinationen dieser benachbarten Felder unterscheiden sich nur in dem Wert für c.

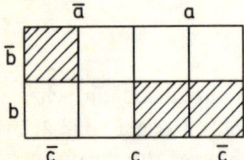

Bild 1.71. Karnaugh-Diagramm zum Term $y = (a \wedge b \wedge c)$ $\vee (a \wedge b \wedge \bar{c}) \vee (\bar{a} \wedge \bar{b} \wedge \bar{c})$. Die Wertekombinationen der beiden unteren Felder unterscheiden sich im Wert für c. Das Adjunkt $(a \wedge b \wedge c) \vee (a \wedge b \wedge \bar{c})$ läßt sich zu $a \wedge b$ vereinfachen.

Damit wird jetzt auch die Anordnung der Felder im Karnaugh-Diagramm verständlich. Sie sind so angeordnet, daß sich die Wertekombinationen zweier benachbarter Felder in genau einem Wert unterscheiden. Daher unterscheiden sich die zu benachbarten Feldern gehörenden Elementarkonjunkte darin, daß eine Variable durch ihr Negat bzw. das Negat einer Variablen durch die nichtnegierte Variable ersetzt worden ist. Das Adjunkt zweier solcher Elementarkonjunkte kann stets verkürzt werden. Dieses Verkürzen soll im folgenden durch eine Verbindung zwischen den Feldern markiert werden. Die Bilder 1.72 und 1.73 zeigen Beispiele.

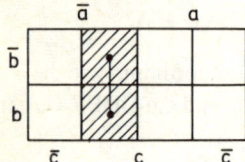

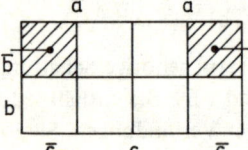

Bild 1.72
Die zu diesem Karnaugh-Diagramm gehörenden Elementarkonjunkte haben das Konjunkt $\bar{a} \wedge c$ gemeinsam. Sie unterscheiden sich in dem Wert für die Variable b. Das Adjunkt der Elementarkonjunkte läßt sich zu $\bar{a} \wedge c$ verkürzen.

Bild 1.73
Aus den zu den schraffierten Feldern gehörenden Elementarkonjunkten $(\bar{a} \wedge \bar{b} \wedge \bar{c})$ und $(a \wedge \bar{b} \wedge \bar{c})$ erkennt man, daß auch bei diesen beiden Feldern ein gemeinsames Konjunkt vorkommt. Das Adjunkt der beiden Elementarkonjunkte kann zu $\bar{b} \wedge \bar{c}$ verkürzt werden.

Häufig lassen sich bei einem Term weitere Vereinfachungen dadurch erreichen, daß ein Elementarkonjunkt mehrfach zu Verkürzungen herangezogen wird.

Beispiel: $x = (a \wedge b \wedge \bar{c}) \vee (a \wedge b \wedge c) \vee (a \wedge \bar{b} \wedge c)$

Das mittlere Elementarkonjunkt kann nach dem Gesetz $a \vee a = a$ zweimal hingeschrieben und zweimal zur Vereinfachung herangezogen werden.

$$
\begin{aligned}
x &= (a \wedge b \wedge \bar{c}) \vee (a \wedge b \wedge c) \vee (a \wedge b \wedge c) \vee (a \wedge \bar{b} \wedge c) \\
&= (a \wedge b) \vee (a \wedge c) \\
&= a \wedge (b \vee c)
\end{aligned}
$$

Im Karnaugh-Diagramm bedeutet dieses Verfahren, daß ein Feld mehrfach benutzt wird (Bild 1.74).

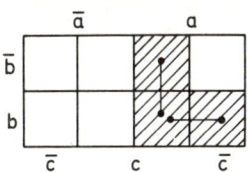

Bild 1.74. Das untere mittlere Feld kann zweimal zur Verkürzung verwendet werden. Das Adjunkt der Elementarkonjunkte für die übereinanderliegenden Felder kann zu $a \wedge c$, das Adjunkt der Elementarkonjunkte für die nebeneinanderliegenden Felder kann zu $a \wedge b$ verkürzt werden. Damit lautet der Term für das Karnaugh-Diagramm $(a \wedge b) \vee (a \wedge c)$.

Findet man in einem Karnaugh-Diagramm einen Vierer-Block von schraffierten Feldern in der Gestalt eines Quadrats, einer Zeile oder ein Spalte, so können *zwei* Variable zugleich eliminiert werden.

Ist beispielsweise der Term

$$x = (\overline{a} \wedge \overline{b} \wedge c) \vee (a \wedge \overline{b} \wedge c) \vee (\overline{a} \wedge b \wedge c) \vee (a \wedge b \wedge c)$$

gegeben, so kann hier die allen Elementarkonjunkten gemeinsame Variable c nach dem Distributivgesetz ausgeklammert werden:

$$x = c \wedge [(\overline{a} \wedge \overline{b}) \vee (a \wedge \overline{b}) \vee (\overline{a} \wedge b) \vee (a \wedge b)].$$

In der eckigen Klammer steht das Adjunkt aller Elementarkonjunkte für die Variablen a und b. Dieses Adjunkt ist gleich w. Damit läßt sich der Term zu $x = c$ verkürzen. Das zu diesem Term gehörende Karnaugh-Diagramm ist in Bild 1.75 (a) aufgezeichnet. Weitere Beispiele für eine Zusammenfassung durch einen Viererblock finden Sie in Bild 1.75 (b) und (c).

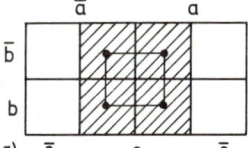 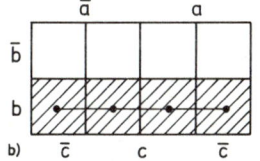 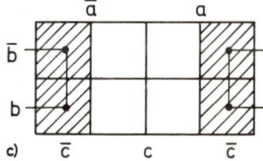

Bild 1.75. Lassen sich in einem Karnaugh-Diagramm Vierblöcke in der dargestellten Art zusammenfassen, so können zwei Variable eliminiert werden. Der Term in (a) läßt sich zu c verkürzen, der Term in (b) zu b und der Term in (c) zu $\overline{c}$.

Aufgabe 1.40: Zu folgenden Wertetabellen sind die zugehörigen Terme in der adjunktiven Normalform mit zwei Variablen anzugeben und die Karnaugh-Diagramme zu zeichnen.

		a)	b)	c)	d)	e)	f)
a	b	u	v	w	x	y	z
f	f	f	w	f	w	w	w
f	w	w	f	f	w	w	w
w	f	w	f	f	w	f	w
w	w	f	w	w	w	w	w

Aufgabe 1.41: Zu folgenden Wertetabellen sind die zugehörigen Terme in der adjunktiven Normalform mit drei Variablen anzugeben und die Karnaugh-Diagramme zu zeichnen.

			a)	b)	c)	d)	e)	f)
a	b	c	t	u	v	x	y	z
f	f	f	f	w	f	f	w	f
f	f	w	f	f	f	f	f	f
f	w	f	w	w	f	w	w	w
f	w	w	f	f	f	w	f	w
w	f	f	f	f	w	w	w	w
w	f	w	f	f	f	w	w	w
w	w	f	f	f	w	f	f	f
w	w	w	f	f	w	f	f	w

Aufgabe 1.42: Entwickeln Sie folgende Terme in ihre adjunktive Normalform und stellen Sie daraus ihre Wertetabellen und Karnaugh-Diagramme auf:

a) $t = (\bar{a} \wedge b) \vee (a \wedge c) \vee (a \wedge b \wedge c)$

b) $u = (a \wedge b) \vee (\bar{a} \wedge b) \vee (a \wedge c)$

c) $v = [(a \vee b) \wedge \bar{b}] \vee [\bar{a} \wedge (\bar{b} \vee c)] \vee (\bar{a} \wedge \bar{b} \wedge c)$

d) $x = \overline{a \wedge b} \vee a$

e) $y = \overline{a \wedge b} \wedge c$

f) $z = \overline{(a \vee b)} \wedge \bar{a}$

Aufgabe 1.43: Schreiben Sie den Term v von Aufgabe 1.42 in adjunktiver Normalform mit 3 Variablen.

Aufgabe 1.44: Stellen Sie zu folgenden Schaltungen die Terme auf und entwickeln Sie diese in ihre Normalform.

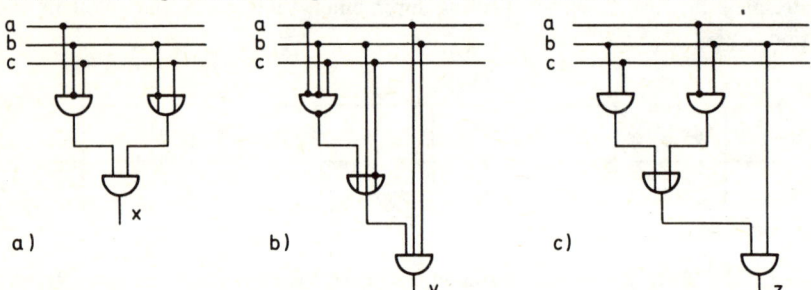

a)   b)   c)

Aufgabe 1.45: Zeichnen Sie zu folgenden Wertetabellen die Karnaugh-Diagramme und geben Sie möglichst einfache Terme und Schaltungen an.

			a)	b)	c)	d)	e)	f)
a	b	c	t	u	v	x	y	z
f	f	f	w	f	w	f	f	w
f	f	w	f	f	w	f	w	f
f	w	f	w	w	f	w	w	w
f	w	w	f	w	f	w	w	f
w	f	f	f	f	w	f	f	w
w	f	w	w	w	w	f	f	f
w	w	f	w	f	w	w	f	w
w	w	w	w	w	f	w	w	f

1.9. Anwendungen

In diesem Abschnitt sollen einige Anwendungen der besprochenen Gesetzmäßigkeiten und Verfahren auf technische Probleme behandelt werden.

In der Technik muß häufig zu einer Zuordnungstabelle eine Schaltung gefunden werden, die diese Zuordnung leistet. Das Problem ist — wie wir gesehen haben — grundsätzlich über die adjunktive Normalform zu lösen. Dabei ist aber stets eine zweite Forderung zu erfüllen: Die Schaltung soll möglichst einfach sein, d. h. aus möglichst wenig Bauteilen und Schaltverbindungen hergestellt werden. Anhand des Karnaugh-Diagramms kann der Term und damit die Schaltung vereinfacht werden. Das folgende Beispiel zeigt, wie man eine solche Vereinfachung durchführen kann.

Schaltung zur Steuerung eines Zugsignals

Eine Eisenbahnanlage wird nach dem Gleisschaltbild in Bild 1.76 zusammengestellt. Die drei Weichen a, b und c haben je zwei mögliche Stellungen, die mit 0 und L bezeichnet werden. Um zu verhindern, daß der Zug beim Fahren auf eine falsch gestellte Weiche trifft, wird ein Signal x eingesetzt. Das Signal kann den Zug anhalten und soll genau dann den Zustand L haben, wenn die Weichen so zueinander stehen, daß der Zug entgleisen würde.

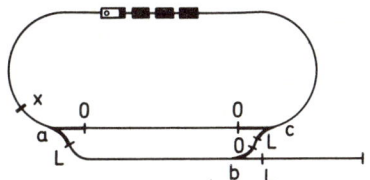

Bild 1.76

Gleisschaltbild zum ersten Beispiel. Die drei Weichen a, b und c können die beiden Stellungen O und L annehmen. Ein Signal x soll den Zug anhalten (Zustand L), wenn die Weichen so stehen, daß der Zug entgleisen würde.

Wir überlegen zunächst die vollständige Zuordnungstabelle und leiten aus ihr das Karnaugh-Diagramm her. Die Tabelle wird mit f und w formuliert (Bild 1.77a). Aus diesem Karnaugh-Diagramm liest man ab, daß $x = (\overline{a} \wedge c) \vee (a \wedge \overline{b} \wedge \overline{c})$ die geforderte Zuordnung leistet. Die zugehörige Schaltung ist in Bild 1.77c dargestellt.

a	b	c	x
f	f	f	f
f	f	w	w
f	w	f	f
f	w	w	w
w	f	f	w
w	f	w	f
w	w	f	f
w	w	w	f

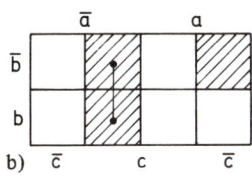

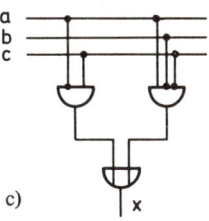

Bild 1.77. Zuordnungstabelle (a) und Karnaugh-Diagramm (b) für das Signal x. Aus dem Karnaugh-Diagramm liest man ab, daß $x = (\overline{a} \wedge c) \vee (a \wedge \overline{b} \wedge \overline{c})$ die Zuordnung leistet. Die zugehörige Schaltung ist in (c) dargestellt.

Ein weiteres Beispiel aus der Computertechnik: Zahlen sind in einem Computer als Dual-zahlen gespeichert (vgl. Anhang A). So ist die Zahl 3 als 0LL dargestellt, wenn wir annehmen, daß höchstens dreiziffrige Dualzahlen gespeichert werden können. Die Zahl 6 würde als Dualzahl LL0 in der Maschine gespeichert werden. Es ist nun denkbar und kommt auch häufiger vor, daß bei der Übertragung einer Zahl von einem Speicherplatz zu einem anderen eine Ziffer L in eine 0 oder umgekehrt verändert wird. So würde aus der Zahl 6 = LL0 durch Änderung der mittleren Ziffer die Zahl L00 = 4 werden können. Dadurch müßte die Rechnung falsch werden. Um diese Fehler zu erkennen, wird zusätzlich zu den drei Stellen der Zahl eine weitere Stelle als Prüfstelle (auch Prüfbit oder Paritätsbit genannt) eingeführt. Hier wird eine 0 vermerkt, wenn die Anzahl der Ziffern L in der Zahl gerade ist. Es wird ein L eingegeben, wenn die Anzahl der Ziffern L in der Zahl ungerade ist.

Das Einschreiben von 0 oder L in die Prüfstelle soll nun automatisch erfolgen. Dazu ist eine Schaltung zu entwerfen. Zur Lösung dieser Aufgabe stellt man zunächst wieder eine Tabelle auf, die die geforderte Zuordnung vollständig beschreibt. Die drei Stellen der Dualzahlen werden mit a, b und c bezeichnet, die Prüfstelle mit p. Dann ergibt sich die Tabelle und das Karnaugh-Diagramm in Bild 1.78. Der Term für die Prüfstellenziffer lautet

$$p = (\overline{a} \wedge \overline{b} \wedge c) \vee (\overline{a} \wedge b \wedge \overline{c}) \vee (a \wedge \overline{b} \wedge \overline{c}) \vee (a \wedge b \wedge c).$$

Dem Karnaugh-Diagramm entnimmt man, daß hier keine Vereinfachung durch Eliminieren einer Variablen erreicht werden kann.

a	b	c	p
0	0	0	0
0	0	L	L
0	L	0	L
0	L	L	0
L	0	0	L
L	0	L	0
L	L	0	0
L	L	L	L

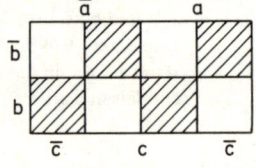

Bild 1.78
Tabelle und Karnaugh-Diagramm für die Schaltung zur automatischen Festlegung der Prüfstellenziffer

Eine Vereinfachung anderer Art läßt sich nach dem Distributivgesetz erreichen:

$$p = \{\overline{a} \wedge [(\overline{b} \wedge c) \vee (b \wedge \overline{c})]\} \vee \{a \wedge [(\overline{b} \wedge \overline{c}) \vee (b \wedge c)]\}.$$

Außerdem stellt man schnell fest, daß die beiden Terme in den eckigen Klammern in einer einfachen Beziehung zueinander stehen. Beides sind Terme in Normalform, denen man die Werte für die Tabelle sofort entnimmt:

Tabelle 1.25

b	c	$(\overline{b} \wedge c) \vee (b \wedge \overline{c})$	$(\overline{b} \wedge \overline{c}) \vee (b \wedge c)$
0	0	0	L
0	L	L	0
L	0	L	0
L	L	0	L

Die beiden Terme $(\overline{b} \wedge c) \vee (b \wedge \overline{c})$ und $(\overline{b} \wedge \overline{c}) \vee (b \wedge c)$ sind Negate voneinander. Schreibt man $(\overline{b} \wedge c) \vee (b \wedge \overline{c}) = v$, so gilt $(\overline{b} \wedge \overline{c}) \vee (b \wedge c) = \overline{v}$. Mit diesen Abkürzungen erhält man die Gleichung

$$p = (\overline{a} \wedge v) \vee (a \wedge \overline{v}).$$

Die Schaltung für p ist in Bild 1.79 angegeben. Nach dem letzten Term muß zuerst die Schaltung für v und dann mit dieser die Schaltung für p aufgebaut werden.

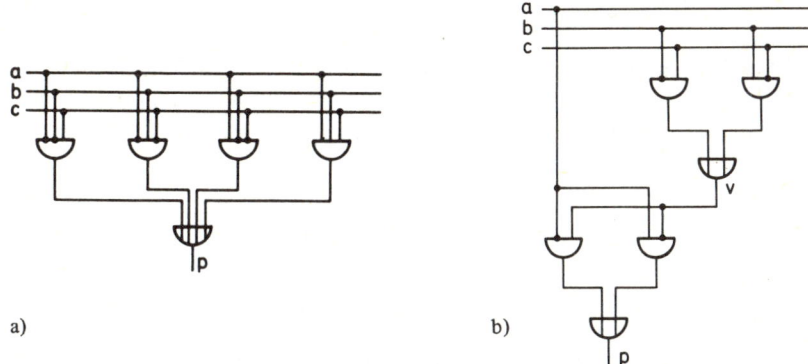

a) b)

Bild 1.79. Schaltung für die Prüfstellenziffer p nach dem Term in Normalform (a) und nach dem letzten Term (b)

Ein Vergleich der Schaltung für p nach dem Term in Normalform und nach dem letzten Term zeigt, daß eine nicht unwesentliche Vereinfachung erreicht worden ist. Dieses Beispiel macht deutlich, daß nicht alle Vereinfachungsmöglichkeiten aus dem Karnaugh-Diagramm zu erkennen sind. Das Karnaugh-Diagramm zeigt nur, ob das Eliminieren einer Variable möglich ist oder nicht.

Mit diesem Beispiel soll der Teil des Abschnitts beendet werden, der sich mit dem Problem beschäftigt, wie zu einer Wertetabelle eine möglichst einfache Schaltung gefunden werden kann. Weitere Beispiele sind in den Aufgaben enthalten.

Im folgenden soll noch ein anderes technisches Gebiet gestreift werden. Bisher haben wir bei allen Schaltungen Gatter benutzt, bei denen außer dem Konjunkt $a \wedge b$ und dem Adjunkt $a \vee b$ auch deren Negate $\overline{a \wedge b}$ und $\overline{a \vee b}$ vorliegen. Alle Schaltungen lassen sich natürlich auch dann aufbauen, wenn UND- und ODER-Gatter ohne Negat-Ausgang und stattdessen zusätzlich Negationsgatter benutzt werden.

Die Verknüpfung, die durch Negation eines Konjunkts zweier Terme geliefert wird, heißt NAND-Verknüpfung (NOT AND wird zusammengezogen zu NAND). Entsprechend wird die NOT-OR-Verknüpfung als NOR-Verknüpfung bezeichnet. Diese beiden Verknüpfungen haben in der Technik eine große Bedeutung, weil alle anderen Verknüpfungen auf die NAND- bzw. auf die NOR-Verknüpfung zurückgeführt werden können. Das bedeutet, daß man bei allen Schaltungen mit einem einzigen Baustein auskommen könnte.

Es soll gezeigt werden, daß Negation, Konjunktion und Adjunktion allein mit der NOR-Verknüpfung dargestellt werden können. Um die Terme übersichtlich schreiben zu können, führen wir für die NOR-Verknüpfung ein neues Zeichen ein. Statt $\overline{a \vee b}$ schreiben wir kurz $a \underline{\vee} b$. Für das NOR-Gatter wird kein neues Schaltzeichen definiert; wir benutzen das Zeichen in Bild 1.80.

Das Negat $\overline{a}$ ist durch ein NOR-Gatter leicht dadurch zu realisieren, daß a auf beide Eingänge geschaltet wird (Bild 1.81); denn es gilt $\overline{a} = \overline{a \vee a}$ und damit $\overline{a} = \overline{a \vee a}$.

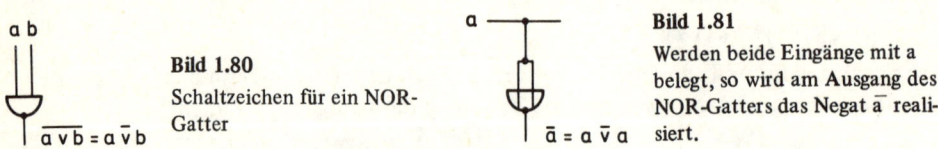

Bild 1.80
Schaltzeichen für ein NOR-Gatter

$\overline{a \vee b} = a \overline{\vee} b$

Bild 1.81
Werden beide Eingänge mit a belegt, so wird am Ausgang des NOR-Gatters das Negat $\overline{a}$ realisiert.

$\overline{a} = a \overline{\vee} a$

Für die Konjunktion kann nach dem Gesetz von de Morgan $a \wedge b = \overline{\overline{a} \vee \overline{b}}$ und damit $a \wedge b = \overline{a} \ \overline{\vee} \ \overline{b}$ geschrieben werden. Das bedeutet für die Schaltung der Konjunktion nur mit NOR-Gattern, daß die Negate von a und b zu bilden sind, die dann durch NOR verknüpft werden müssen (Bild 1.82).

Schließlich ist noch das Adjunkt mit der NOR-Verknüpfung zu schreiben. Das geschieht nach der Gleichung

$$a \vee b = \overline{\overline{a \vee b}} \quad \text{bzw.} \quad a \vee b = \overline{\overline{a \vee b}}$$

dadurch, daß vom Ergebnis einer NOR-Verknüpfung das Negat gebildet wird. Die zugehörige Schaltung ist in Bild 1.83 dargestellt.

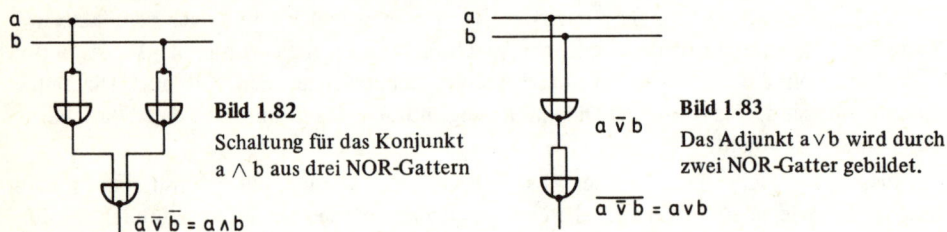

Bild 1.82
Schaltung für das Konjunkt $a \wedge b$ aus drei NOR-Gattern

$\overline{a} \ \overline{\vee} \ \overline{b} = a \wedge b$

$a \ \overline{\vee} \ b$

Bild 1.83
Das Adjunkt $a \vee b$ wird durch zwei NOR-Gatter gebildet.

$\overline{a \ \overline{\vee} \ b} = a \vee b$

Die drei Grundverknüpfungen Adjunktion, Konjunktion und Negation können durch die NOR-Verknüpfung realisiert werden. Damit sind aber auch alle Terme, die mit diesen Verknüpfungen angegeben werden können, allein mit der NOR-Verknüpfung zu schreiben. Einige Beispiele sollen das zeigen.

Beispiel 1: Zum Term $\overline{a} \wedge (b \vee c)$ ist die Schaltung zu entwerfen, für die nur NOR-Gatter verwendet werden dürfen.

Aus der Umformung des Terms

$$\overline{a} \wedge (b \vee c) = \overline{\overline{\overline{a} \wedge (b \vee c)}}$$
$$= \overline{a \vee \overline{b \vee c}}$$
$$= a \ \overline{\vee} \ (b \ \overline{\vee} \ c)$$

ergibt sich die Schaltung in Bild 1.84.

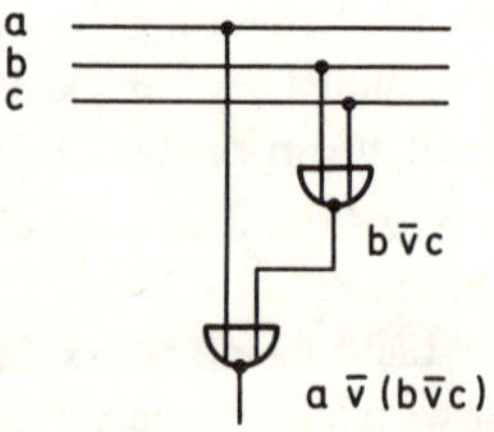

$b \ \overline{\vee} \ c$

$a \ \overline{\vee} \ (b \overline{\vee} c)$

Bild 1.84
Diese Schaltung aus NOR-Gattern realisiert den Term $\overline{a} \wedge (b \vee c) = a \ \overline{\vee} \ (b \ \overline{\vee} \ c)$.

Beispiel 2: Es soll der Term $(a \wedge \overline{b}) \vee a \vee c$ durch NOR-Gatter realisiert werden. Dazu muß der Term so umgeformt werden, daß er nur noch NOR-Verknüpfungen, d. h. Negate von Adjunkten enthält. Man sorgt zunächst dafür, daß alle Konjunkte durch Adjunkte ersetzt werden. Negationen bleiben bestehen, da sie leicht nach Bild 1.81 durch NOR-Gatter realisiert werden können.

$$
\begin{aligned}
(a \wedge \overline{b}) \vee a \vee c &= \overline{\overline{a \wedge \overline{b}}} \vee a \vee c && \text{(Gesetz } a = \overline{\overline{a}}) \\
&= \overline{\overline{a} \vee b} \vee (a \vee c) && \text{(Gesetz von de Morgan und} \\
& && \text{Assoziativgesetz)} \\
&= (\overline{a} \vee b) \vee \overline{(\overline{a \vee c})} && \text{(Gesetz } a = \overline{\overline{a}}) \\
&= \overline{(\overline{a} \vee b)} \vee \overline{(\overline{a \vee c})} \\
&= \overline{\overline{(\overline{a} \vee b)} \vee \overline{a \vee c}} && \text{(Gesetz } a = \overline{\overline{a}}) \\
&= \overline{(\overline{a} \vee b)} \vee \overline{\overline{a \vee c}}
\end{aligned}
$$

Bild 1.85 zeigt die Schaltung für diesen Term. Dabei sind auch die Negationen durch NOR-Gatter realisiert worden.

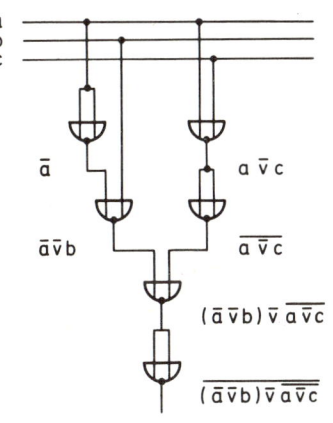

Bild 1.85
Der Term $(a \wedge \overline{b}) \vee a \vee c$ wird umgeformt zu $\overline{(\overline{a} \; \overline{\vee} \; b) \; \overline{\vee} \; a \; \overline{\vee} \; c}$. Nach diesem Term wird die Schaltung aus NOR-Gattern aufgebaut.

Aufgabe 1.46: Eine Glühlampe g soll von zwei Schaltern a und b jeweils an- und ausgeschaltet werden können (Wechselschaltung). Es werde vereinbart, daß dem Leuchten der Lampe und dem geschlossenen Schalter der Wert w zugeordnet wird.
Stellen Sie die Zuordnungstabelle auf und geben Sie die Schaltung an.[1]

Aufgabe 1.47: Eine Glühlampe g soll von drei Schaltern a, b und c jeweils an- und ausgeschaltet werden können (Vereinbarung wie in Aufgabe 1.46).
a) Stellen Sie die Zuordnungstabelle auf und zeichnen Sie das Karnaugh-Diagramm.[1]
b) Geben Sie den Term in Normalform und dessen Schaltung an.
c) Kann man den Term und damit die Schaltung vereinfachen?

---

[1] Beachten Sie dabei, daß jede Änderung des Wertes *eines* Schalters eine Änderung des Wertes der Lampe hervorrufen muß.

Aufgabe 1.48: Das Knobelspiel Faust-Hand [1]) für drei Personen a, b und c hat folgende Spielregel:
Jede der drei Personen hat auf ein bestimmtes Signal eines Spielleiters hin die Möglichkeit, Faust oder Hand zu zeigen. Gewonnen hat derjenige, der etwas anderes zeigt als die beiden anderen. Zeigen alle drei dasselbe, ist das Spiel unentschieden.

Die Anzeige für den Gewinn eines Spielers und für das Unentschieden soll maschinell erfolgen. Dazu wird vereinbart: Faust entspricht dem Wert f, Hand dem Wert w. Der Gewinn für einen Spieler und das Unentschieden werden durch w gekennzeichnet.

a) Stellen Sie nach folgendem Muster die vollständigen Zuordnungstabellen für den Gewinn g der drei Spieler a, b und c und für das Unentschieden u auf.

a	b	c	g_a	g_b	g_c	u

b) Stellen Sie die Terme für g_a, g_b, g_c und u auf und zeichnen Sie den Schaltplan.

c) Wie groß ist die Gewinnchance für jeden Spieler?

d) Wie muß die Schaltung ergänzt werden, um zu gewährleisten, daß nur auf das Zeichen des Spielleiters hin gewählt werden kann?

Aufgabe 1.49
Die nebenstehenden Schaltungen sollen vereinfacht werden:

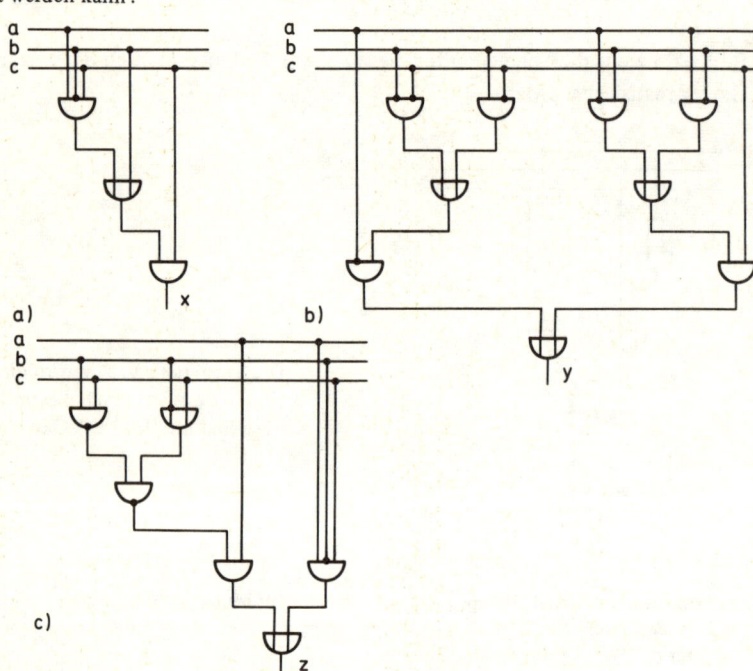

Aufgabe 1.50: In der nebenstehenden Tabelle sollen die Fragezeichen durch Werte f oder w so ausgefüllt werden, daß die zugehörigen Terme möglichst einfach werden, d. h. möglichst wenig Verknüpfungszeichen enthalten. Tragen Sie dazu zunächst die gegebenen Zuordnungen in das Karnaugh-Diagramm ein. Geben Sie die Terme an.

a	b	c	t	u	v	x	y	z
f	f	f	w	?	f	w	f	w
f	f	w	w	f	?	?	w	?
f	w	f	f	w	?	f	f	?
f	w	w	?	f	f	f	w	w
w	f	f	f	w	f	w	w	f
w	f	w	?	f	f	?	?	w
w	w	f	f	f	w	f	w	w
w	w	w	w	?	w	f	f	f

---
[1]) Aus: E. Merkel, SIMULOG-Handbuch

Aufgabe 1.51: Beweisen Sie, daß Negation, Konjunktion und Adjunktion allein durch die NAND-Verknüpfung $(a \wedge b = a \overline{\wedge} b)$ dargestellt werden können. Geben Sie die zugehörigen Schaltungen an!

Aufgabe 1.52: Geben Sie für die beiden für die Schaltung mit NOR-Gattern genannten Beispiele Schaltungen in NAND-Technik an.

Aufgabe 1.53: Die folgenden Terme sind mit NOR-Gattern zu realisieren:

a) $(a \wedge b) \vee c$ c) $(\overline{a} \vee b) \wedge (a \vee \overline{b})$

b) $\overline{a \wedge b} \wedge c$ d) $(a \vee b) \wedge (\overline{a} \vee c)$

Aufgabe 1.54: Die in Aufgabe 1.53 gegebenen Terme sind in NAND-Technik zu realisieren.

Aufgabe 1.55: a) Untersuchen Sie, ob für die NOR-Verknüpfung das Kommutativ- und das Assoziativgesetz gelten.

b) Untersuchen Sie, ob für die NAND-Verknüpfung das Kommutativ- und das Assoziativgesetz gelten.

Aufgabe 1.56: a) Untersuchen Sie, ob die beiden Terme

$$a \overline{\vee} (b \overline{\wedge} c) \quad \text{und} \quad (a \overline{\vee} b) \overline{\wedge} (a \overline{\vee} c)$$

gleich sind.

b) Untersuchen Sie, ob die beiden Terme

$$a \overline{\wedge} (b \overline{\vee} c) \quad \text{und} \quad (a \overline{\wedge} b) \overline{\vee} (a \overline{\wedge} c)$$

gleich sind.

2. Aufbau eines einfachen Computers

Die im ersten Kapitel entwickelte Schaltalgebra bildet die Grundlage für das Verständnis von Computerschaltungen.

In diesem Kapitel soll nun ein einfacher Computer aufgebaut werden. Am Beispiel der Addition wird gezeigt, wie die Schaltungen zum Ausführen der Rechenoperationen und zum Steuern des gesamten Rechenablaufs aus den Bauteilen Speicherglied, UND-Gatter und ODER-Gatter aufgebaut werden können. Schließlich wird das entwickelte Addierwerk als Teil eines programmgesteuerten Computers betrachtet. Durch den entsprechenden Befehl im Programm wird die Addition ausgelöst.

2.1. Addition von Dualzahlen

Die Variablenglieder werden im Computer zum Speichern von Ziffern verwendet. Daher werden sie auch Speicherglieder genannt. Die Speicherglieder können genau zwei Zustände annehmen. Der erste Zustand ist dadurch gekennzeichnet, daß am Ausgang X die Spannung 12 V liegt. Dieser Zustand wird durch das Leuchten der Lampe angezeigt. Beim zweiten Zustand liegt am Ausgang X die Spannung 0 V; die Lampe leuchtet nicht.

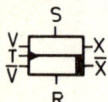 **Bild 2.1.** Den beiden Zuständen des Speicherglieds werden die Ziffern O und L des Dualsystems zugeordnet. Außer dem Setzeingang S und dem Rücksetzeingang R sollen nun auch die Vorbereitungseingänge V und $\overline{V}$ und der Takteingang T verwendet werden.

In der Aussagenalgebra werden diesen Zuständen die Wahrheitswerte w und f zugeordnet. Für den Aufbau von Rechenschaltungen ist eine weitere Zuordnung notwendig. Den Zuständen am Ausgang der Speicherglieder werden die Ziffern L und 0 des Dualsystems zugeordnet (s. das 2. Beispiel in Abschnitt 1.9 und den Anhang A). Man sagt: Das Speicherglied kann den „Inhalt" 0 oder L erhalten.

Tabelle 2.1

Zustand	Anzeige	Ziffer
0 V	Lampe leuchtet nicht	0
12 V	Lampe leuchtet	L

Wir vereinbaren: Das Speicherglied hat den Inhalt 0, wenn die Spannung am Ausgang 0 V beträgt. Dieser Inhalt 0 ist daran zu erkennen, daß die Lampe nicht leuchtet. Wenn die Lampe leuchtet, so ist die Spannung am Ausgang 12 V. Der Inhalt des Speicherglieds ist L.

Mit den Speichergliedern werden so die Ziffern des Dualsystems dargestellt [1]). Will man eine mehrstellige Zahl in den Computer eingeben, so setzt man einfach mehrere Speicherglieder nebeneinander. Für die Zahl 6 = LL0 braucht man mindestens drei Speicherglieder, für jede Stelle der Dualzahl eins. Die Zusammenstellung von mehreren Speichergliedern bezeichnet man als *Register*. Die Anzahl der in einem Register enthaltenen Speicherglieder wird Wortlänge des Registers genannt. Die Wortlänge gibt man in *bit* [2]) an (Bild 2.2).

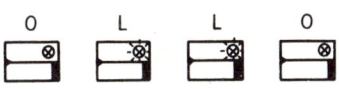

Bild 2.2
In ein Register der Wortlänge 4 bit ist die Zahl 6 = OLLO eingeschrieben worden.

Die Darstellung von Zahlen im Dualsystem erfordert gegenüber der Dezimaldarstellung viel mehr Stellen. Die im Dezimalsystem zweistellige Zahl 19 hat im Dualsystem fünf Stellen: 19 = L00LL. Zu ihrer Darstellung im Computer braucht man ein Register, dessen Wortlänge mindestens 5 bit beträgt. Die zweistellige Zahl 99 hat im Dualsystem sogar sieben Stellen.

Die größere Stellenzahl einer Dualzahl gegenüber der entsprechenden Dezimalzahl ist sicher ein Nachteil. Man braucht im Computer Register mit großen Wortlängen. Aber die Darstellung im Dualsystem hat auch Vorzüge. Einen haben wir schon verwendet: Die beiden Ziffern 0 und L des Dualsystems lassen sich durch Bauteile darstellen, die genau zwei Zustände annehmen können, z. B. durch die Speicherglieder. Bauteile für Ziffern des Dezimalsystems müßten immerhin zehn unterscheidbare Zustände haben. Ein weiterer Vorzug des Dualsystems liegt darin, daß die Rechenregeln besonders einfach sind. Beispielsweise genügt es für die Addition beliebiger Dualzahlen, das kleine Einpluseins zu kennen:

$$0 + 0 = 0$$
$$0 + L = L$$
$$L + 0 = L$$
$$L + L = L0$$

Diese Additionsvorschrift läßt sich als Zuordnungstafel auffassen: Zwei Dualziffern x und y wird eine Summenziffer s und eine Übertragsziffer ü zugeordnet (Tabelle 2.2 und Tabelle 2.3). Diese Zuordnung soll von einer Maschine hergestellt werden.

Tabelle 2.2

x	y	ü	s
0	0	0	0
0	L	0	L
L	0	0	L
L	L	L	0

Bevor eine Schaltung entwickelt wird, die diese Zuordnung leistet, betrachten wir den zeitlichen Ablauf einer Addition mehrstelliger Dualzahlen (vgl. auch Anhang A) etwas genauer: Am Beispiel LL0 + L0L überlegen wir die einzelnen auszuführenden Schritte.

---

[1]) Wer noch nicht ganz sicher ist, wie man Dezimalzahlen in Dualzahlen umwandelt und umgekehrt, findet im Anhang A ein Verfahren dazu.

[2]) Die Bezeichnung bit ist eine Abkürzung der englischen Bezeichnung *b*inary dig*it* für Dualziffer.

1. Schritt: Man schreibt die beiden Zahlen
stellenrichtig untereinander.

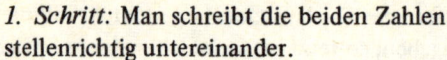

```
  L L 0
+ L 0 L
.........
```

2. Schritt: Man addiert in der Einerstelle
der Zahlen. Die Summenziffer $s_0 = L$ schreibt
man in die Einerstelle der Summe, den Übertrag
$ü_0 = 0$ unter die Ziffern der Zweierstelle.

3. Schritt: Man addiert in der Zweierstelle.
Die Summenziffer $s_1 = L$ wird an die Zweierstelle
der Summe, der Übertrag $ü_1 = 0$ unter die Ziffern
der Viererstelle geschrieben.

4. Schritt: Man addiert in der Viererstelle.
Die Summenziffer $s_2 = 0$ kommt an die Viererstelle
der Summe, die Übertragsziffer $ü_2 = L$ an die
Achterstelle.

5. Schritt: Man addiert in der Achterstelle.
Die Summenziffer $s_3 = L$ schreibt man an die
Achterstelle der Summe. Die Übertragsziffer
$ü_3 = 0$ braucht man nicht mehr hinzuschreiben,
da die Summanden keine weiteren Stellen haben.

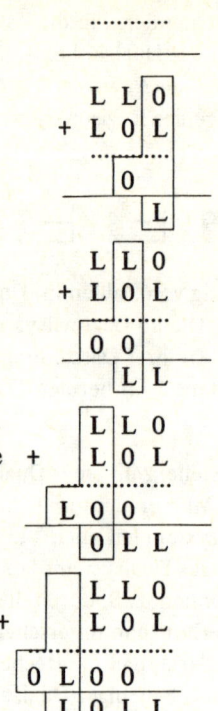

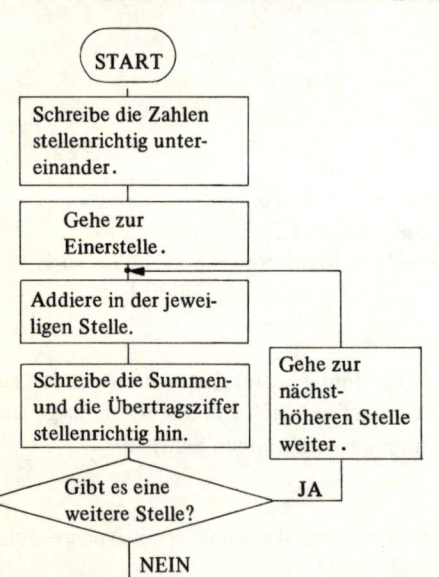

Bild 2.3. Flußdiagramm für die Addition mehrstelliger
Dualzahlen. Man beginnt bei START und hat die erste
Addition in der Einerstelle vorzunehmen. Danach fragt
man an der Entscheidungsstelle ab, ob die Summanden
weitere Ziffern haben. Wird die Frage mit JA beantwortet, so geht man zur nächsthöheren Stelle über und
addiert erneut. Wird die Frage schließlich mit NEIN
beantwortet, so ist der Ablauf mit STOP beendet.

Damit ist die Summe LOLL der beiden Zahlen bestimmt. Man kann den Ablauf der Rechnung übersichtlich in einem *Flußdiagramm* (Bild 2.3) darstellen. Ein Flußdiagramm enthält die einzelnen Schritte des Rechenflusses in ihrer zeitlichen Aufeinanderfolge. Beim Flußdiagramm für die Addition mehrstelliger Dualzahlen kann man eine vereinfachte Darstellung finden, wenn man berücksichtigt, daß der zweite, der dritte und alle folgenden Schritte gleichartig sind. Sie unterscheiden sich nur darin, daß jeweils eine andere Stelle bearbeitet wird.

Man bezeichnet den mehrfach durchlaufenen Teil des Rechenablaufs als *Schleife*. Bei jedem Durchlaufen der Schleife wird den Ziffern der jeweiligen Stelle eine Summenziffer s und eine Übertragsziffer ü zugeordnet. Die Schleife muß so oft durchlaufen werden, bis in den Summanden und im Übertrag keine Ziffer L mehr vorkommt.

In der vom Flußdiagramm angegebenen Reihenfolge sollen nun die einzelnen Rechenschritte durch eine Additionsschaltung ausgeführt werden. Dabei ist zu beachten: An der Einerstelle sind *zwei* Summandenziffern vorhanden; es gibt noch keinen Übertrag. An allen anderen Stellen braucht man eine Schaltung, die *drei* Ziffern eine Summenziffer s und eine Übertragsziffer ü zuordnet.

Aufgabe 2.1: Bauen Sie ein Register der Wortlänge 4 bit auf und schreiben Sie nacheinander die Zahlen von 1 bis 15 ein.

Aufgabe 2.2: Welche Zahlen kann man in ein Register der Wortlänge 6 bit einschreiben?

Aufgabe 2.3: Welche Wortlänge muß das Register mindestens haben, in das die Zahl 100 eingeschrieben werden soll?

Aufgabe 2.4: Entwerfen Sie entsprechend zu Bild 2.3 ein Flußdiagramm für die Subtraktion von zwei Dualzahlen.

2.2. Halbaddierer und Volladdierer

Eine Schaltung, mit der sich die Addition entsprechend dem kleinen Einspluseins simulieren läßt, muß eine Zuordnung zwischen Ziffern herstellen. Je zwei Ziffern x und y am Eingang der Schaltung muß nach Tabelle 2.3 am Ausgang eine Summenziffer s und eine Übertragsziffer ü zugeordnet werden.

Die Schaltung für die Übertragsziffer ü ist leicht zu finden, wenn man die Tabelle der Konjunktion mit der Zuordnungstabelle für ü vergleicht. Man kann die Übertragsziffer am Ausgang eines UND-Gatters erhalten, an dessen Eingänge die den Ziffern x und y entsprechenden Spannungen gelegt werden (Bild 2.4). Für ü ergibt sich genau dann die Ziffer L, wenn für x *und* für y die Ziffer L eingesetzt wird.

Tabelle 2.3

x	y	ü	s
0	0	0	0
0	L	0	L
L	0	0	L
L	L	L	0

y x

ü

Bild 2.4

Ein UND-Gatter liefert die Übertragsziffer ü. (Die Reihenfolge, bei den Eingängen von rechts her mit x zu beginnen, ist für die Zeichnung der Gesamtschaltung günstiger.)

Die gleiche Schaltung gewinnt man, wenn man von der Normalform des zugehörigen Terms ausgeht (s. Abschnitt 1.8.). Da nur ein L in der Spalte ü vorkommt, besteht die Normalform aus einem einzigen Elementarkonjunkt: ü = x ∧ y.

Für die Summenziffer s läßt sich der Term in Normalform an den beiden Zeilen der Tabelle ablesen, in denen für s die Ziffer L erscheint. Man erhält

$$s = (\overline{x} \wedge y) \vee (x \wedge \overline{y}).$$

Die Schaltung ist demnach mit zwei UND-Gattern und einem ODER-Gatter herzustellen. Beim Lehrgerät SIMULOG ist die Schaltung aus zwei UND-Gattern und einem nachgeschalteten ODER-Gatter zu einem besonderen Bauteil zusammengefaßt; es wird *Kombigatter* genannt (Bild 2.5). Dadurch wird die Schaltung auch für die Summenziffer s durch ein einziges Bauteil ermöglicht (s. auch Aufgabe 1.27).

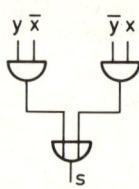 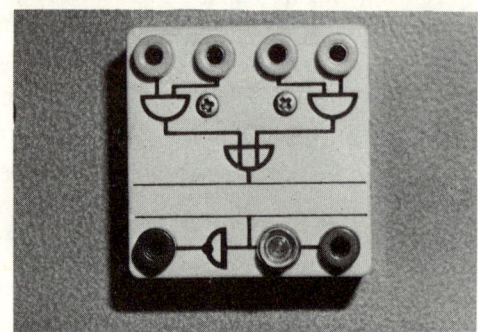

Bild 2.5
Die Schaltung aus zwei UND-Gattern und einem nachgeschalteten ODER-Gatter liefert die Summenziffer s. Sie läßt sich mit einem Kombigatter (s. Foto) realisieren.

Setzt man die Schaltungen für ü und für s zusammen, so ergibt sich die Schaltung, die das kleine Einspluseins simuliert. Sie kann bei der Addition von Dualzahlen an der Einerstelle eingesetzt werden. Man bezeichnet sie als *Halbaddiererschaltung* (Bild 2.6). Der Zusatz „Halb-" soll andeuten, daß der Verwendungsbereich auf die Fälle beschränkt ist, in denen nur *zwei* Ziffern Summenziffer s und Übertragsziffer ü zugeordnet werden soll.

Wenn es nicht auf die Einzelheiten der Schaltung ankommt, sondern nur auf die geleistete Zuordnung, so faßt man in der Zeichnung den Halbaddierer in einem „Block" zusammen. Mit solchen Blockschaltbildern (Bild 2.7) lassen sich Schaltzeichnungen übersichtlicher gestalten.

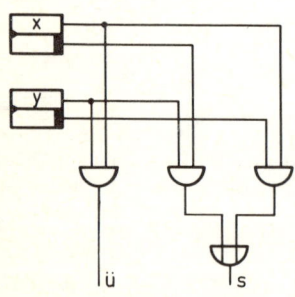

Bild 2.6
Schaltung eines Halbaddierers, der den Ziffern x und y die Summenziffer s und die Übertragsziffer ü zuordnet

Bild 2.7
Blockschaltbild für den Halbaddierer

Nun soll eine Schaltung hergestellt werden, die sich für die Addition an den anderen Stellen einsetzen läßt. Dort stehen drei Ziffern x, y und z, denen eine Summenziffer s und eine Übertragsziffer ü zugeordnet werden muß. Die Zuordnung ergibt sich aus Tabelle 2.4.

Tabelle 2.4

x	y	z	ü	s
0	0	0	0	0
0	0	L	0	L
0	L	0	0	L
0	L	L	L	0
L	0	0	0	L
L	0	L	L	0
L	L	0	L	0
L	L	L	L	L

Aus dieser Tabelle lassen sich die Terme für ü und s in Normalform ablesen (s. Abschnitt 1.8):

$$\ddot{u} = (\overline{x} \wedge y \wedge z) \vee (x \wedge \overline{y} \wedge z) \vee (x \wedge y \wedge \overline{z}) \vee (x \wedge y \wedge z),$$
$$s = (\overline{x} \wedge \overline{y} \wedge z) \vee (\overline{x} \wedge y \wedge \overline{z}) \vee (x \wedge \overline{y} \wedge \overline{z}) \vee (x \wedge y \wedge z).$$

Danach ließe sich die Schaltung für ü und auch die für s mit vier UND-Gattern und einem nachgeschalteten ODER-Gatter herstellen. Das wird ein aufwendiger Aufbau, da insgesamt zehn Gatter angeschlossen werden müssen. Man kann Terme dieser Form durch Anwendung der aussagenalgebraischen Gesetze noch vereinfachen und erhält dann eine einfachere Schaltung. Das soll in Aufgabe 2.9 durchgeführt werden.

Hier wird ein anderer Weg eingeschlagen. Eine einfachere Schaltung ergibt sich dadurch, daß man — wie auch beim Kopfrechnen — zwei Schritte nacheinander ausführt. Zunächst wird den beiden ersten Ziffern x und y mit einem Halbaddierer die Summenziffer s' und die Übertragsziffer $\ddot{u}'$ zugeordnet. Dann wird mit einem zweiten Halbaddierer der dritten Ziffer z und der Summenziffer s' die Summenziffer s'' und die Übertragsziffer $\ddot{u}''$ zugeordnet (Bild 2.8).

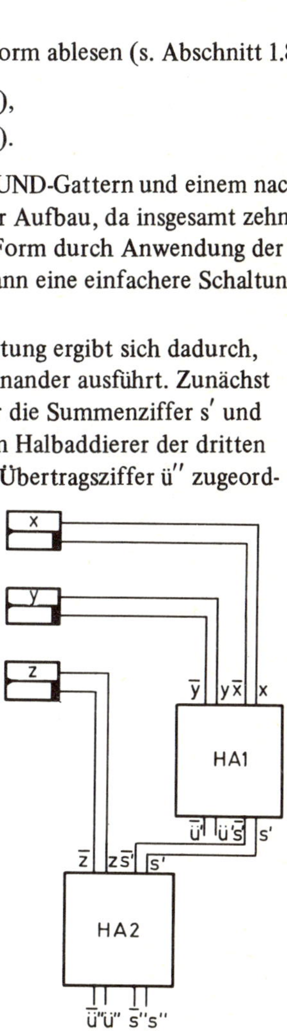

Bild 2.8

Zur Addition von drei Summanden x, y und z kann man zwei Halbaddierer hintereinander schalten.

69

Die zweite Summenziffer s'' ist zugleich die Summenziffer s der gesamten Addition. Für die Übertragsziffer ü gilt folgende Überlegung: Es kann nur entweder bei der ersten oder bei der zweiten Addition der Übertrag L auftreten. Ist nämlich beim ersten Halbaddierer $ü' = L$, so ist die Summenziffer $s' = 0$. Dann ergibt sich bei der zweiten Addition von z und s' der Übertrag $ü'' = 0$. Ist beim ersten Halbaddierer $s' = L$ herausgekommen, so kann der Übertrag der zweiten Addition $ü'' = L$ sein. Dann ist aber $ü' = 0$.

Der Gesamtübertrag $ü = L$ ergibt sich dann, wenn entweder beim ersten Halbaddierer $ü' = L$ *oder* beim zweiten Halbaddierer $ü'' = L$ erscheint. Man braucht daher nur die beiden Übertragsausgänge der Halbaddierer an die Eingänge eines ODER-Gatters zu legen (Bild 2.9). An dessen Ausgang erhält man die Übertragsziffer ü der gesamten Addition.

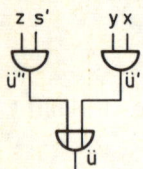

Bild 2.9. In der Schaltung für den Übertrag ü wird den beiden UND-Gattern für die Überträge in den Halbaddierern ein ODER-Gatter nachgeschaltet.

Die gesamte Übertragsschaltung läßt sich mit einem Kombigatter herstellen. Setzt man alle Teile der Schaltung zusammen, so erhält man einen *Volladdierer*. Dieser ordnet drei Dualziffern x, y und z eine Summenziffer s und eine Übertragsziffer ü zu. Beim Aufbau des Volladdierers aus zwei Halbaddierern braucht man nicht so viele Bauteile wie beim Aufbau nach den Normalformen. Man kommt mit drei Kombigattern aus (Bild 2.10).

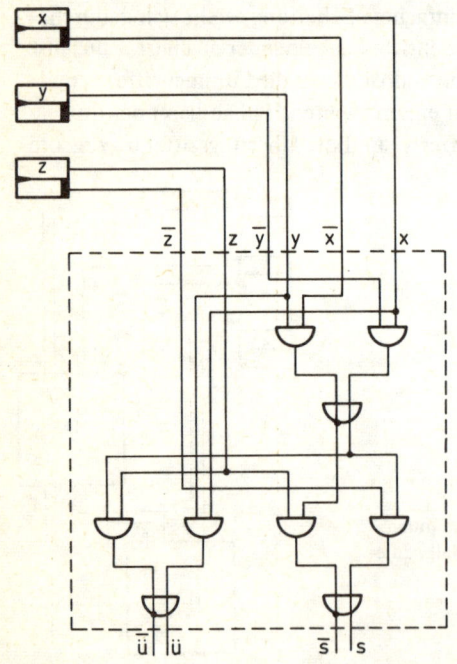

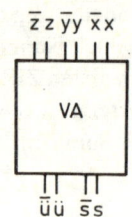

Bild 2.11
Blockschaltbild eines Volladdierers.

Bild 2.10
Mit der Volladdiererschaltung aus drei Kombigattern wird den Dualziffern x, y und z eine Summenziffer s und eine Übertragsziffer ü zugeordnet.

Wie für den Halbaddierer verwendet man auch für den Volladdierer ein Blockschaltbild (Bild 2.11), wenn es nicht darauf ankommt, alle Einzelheiten der Zuordnungsschaltung darzustellen.

Aufgabe 2.5: Entwickeln Sie die Schaltung für die Summenziffer s der beiden Dualziffern x und y mit dem Karnaugh-Diagramm.

Aufgabe 2.6: Wie läßt sich die Übertragsziffer ü des Halbaddierers mit einem ODER-Gatter gewinnen?

Aufgabe 2.7: Schalten Sie die Summenziffer s der drei Dualziffern x, y und z entsprechend der Normalform des Terms für s.

Aufgabe 2.8: Entwickeln Sie die Schaltung für den Übertrag ü der drei Dualziffern x, y und z mit einem Karnaugh-Diagramm.

Aufgabe 2.9: Vereinfachen Sie mit den aussagenalgebraischen Gesetzen die Terme für ü und s bei der Addition von drei einstelligen Dualzahlen.

Aufgabe 2.10: Zeigen Sie die Gleichwertigkeit der Schaltung, die sich aus den Normalformen der Terme für ü und s ergibt, mit der aus zwei Halbaddierern aufgebauten Schaltung.

Aufgabe 2.11: Stellen Sie eine Zuordnungstafel für die Subtraktion auf, durch die zwei Dualziffern a und b die Differenzziffer d = a - b und die Entlehnungsziffer e zugeordnet wird. Bauen Sie danach einen Halbsubtrahierer.

2.3. Planung eines Serienaddierwerks

Mit den Schaltungen für den Halbaddierer und den Volladdierer können wir jetzt eine Schaltung für die Addition mehrstelliger Dualzahlen aufbauen. Dazu setzen wir an der Einerstelle einen Halbaddierer und an allen anderen Stellen Volladdierer ein. Dieser Aufbau erfordert viele Bauteile, da für jede Stelle ein eigener Addierer geschaltet wird. In allen Stellen wird parallel addiert, daher bezeichnet man diese Additionsschaltung als *Paralleladdierwerk*.

Man kommt mit weniger Bauteilen aus, wenn man genau nach dem Verfahren der schriftlichen Addition vorgeht. Dort hat man nur einen einzigen Addierer, den Kopf, den man nacheinander für die Addition an den einzelnen Stellen der Zahlen einsetzt. Entsprechend kann man auch in einer Additionsschaltung mit einem einzigen Addierer auskommen. Dies muß ein Volladdierer sein, da mit ihm an allen Stellen addiert werden soll. Wir setzen ihn, von der Einerstelle ausgehend, nacheinander in allen Stellen der Summanden ein. Im Gegensatz zum Paralleladdierwerk spricht man deshalb hier von einem *Serienaddierwerk*.

Ein solches Serienaddierwerk soll nun aufgebaut werden. Zunächst ändern wir das Flußdiagramm für den Additionsablauf so um, daß es der Schaltung zugrundegelegt werden kann (Bild 2.12).

Für die Summanden verwenden wir zwei Register der Wortlänge 4 bit. Es ist zweckmäßig, sie wie beim Schreiben der Zahlen stellenrichtig untereinander anzuordnen. Unter jede Stelle — außer der Einerstelle — wird ein Speicherglied für den Übertrag aus der vorhergehenden Stelle gesetzt. Da das Ergebnis der Addition fünfstellig sein könnte, müßte das Summenregister eine Wortlänge von 5 bit bekommen. Wollen wir es auch aus vier Speichergliedern aufbauen, dann müssen wir darauf achten, daß die eingegebenen Summanden nicht so groß sind, daß bei der Addition in der Achterstelle der Übertrag L entsteht. Insgesamt sind dann 15 Speicherglieder erforderlich.

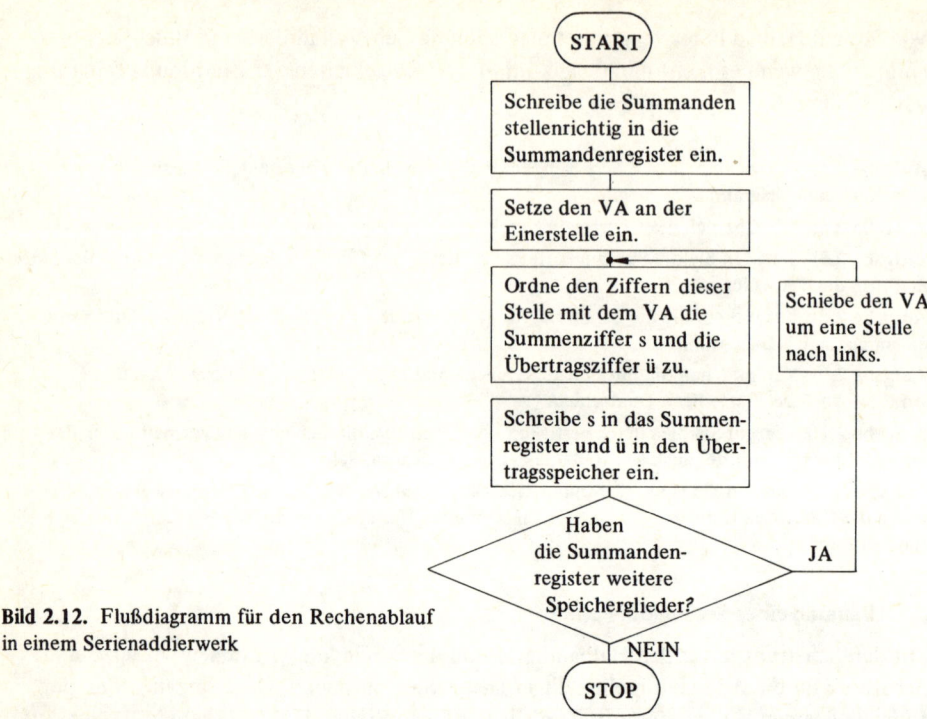

START

Schreibe die Summanden stellenrichtig in die Summandenregister ein.

Setze den VA an der Einerstelle ein.

Ordne den Ziffern dieser Stelle mit dem VA die Summenziffer s und die Übertragsziffer ü zu.

Schreibe s in das Summenregister und ü in den Übertragsspeicher ein.

Haben die Summandenregister weitere Speicherglieder?

Schiebe den VA um eine Stelle nach links.

JA

NEIN

STOP

Bild 2.12. Flußdiagramm für den Rechenablauf in einem Serienaddierwerk

Den Volladdierer schalten wir zunächst in der Einerstelle ein. Wenn dort addiert worden ist, müssen seine Verbindungen zu den Ausgängen der Summandenspeicherglieder und zu ·den Setzeingängen von Übertragsspeicher und Summenspeicherglied gelöst werden. Er muß dann um eine Stelle nach links verschoben und wieder angeschlossen werden. Es wird addiert, dann weitergeschoben usw. Bild 2.13 zeigt den Volladdierer bei der Addition in der Viererstelle.

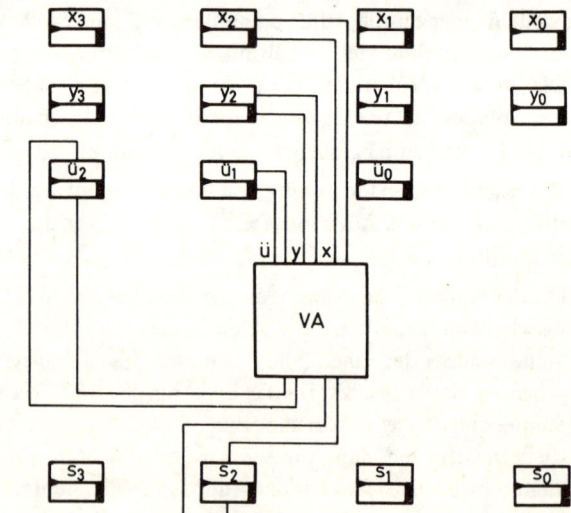

Bild 2.13

Die Eingänge des Volladdierers sind mit den Ausgängen der Speicherglieder in der Viererstelle verbunden. Die Ausgänge des Volladdierers verbindet man mit den Setz- und Rücksetzeingängen des Übertragsspeichers und des Speichergliedes im Summenregister.

Nach jedem Additionsschritt müssen vier Kabel auf der Ausgangsseite und sechs Kabel auf der Eingangsseite des Volladdierers gelöst und neu gesteckt werden. (Man beachte die Reihenfolge!) Dieses Verfahren, den Volladdierer „im Handbetrieb" durch die Stellen der Summanden hindurchzuschieben, ist für einen Computer sicher nicht brauchbar. Denn der Computer soll addieren, ohne daß der Mensch ständig Verbindungen herstellen und lösen muß. Der ganze Rechengang soll in einer festen Schaltung automatisch ablaufen.

Ein solches verbessertes Addierwerk wird im folgenden Abschnitt entwickelt.

Aufgabe 2.12: Schreiben Sie für die Aufgabe LL0 + L0L0 ausführlich alle Schritte der Addition auf. Geben Sie bei jedem Schritt an, welche Zeile der Zuordnungstabelle des Volladdierers zur Anwendung kommt.

Aufgabe 2.13: Wie oft muß die Schleife des Flußdiagramms für das Serienaddierwerk durchlaufen werden, wenn man die Aufgabe L0L + LL0 in einem Serienaddierwerk mit Registern der Wortlänge 6 bit rechnet?

Aufgabe 2.14: Zeichnen Sie entsprechend zu Bild 2.13 die Verbindungen des Volladdierers ein, wenn er in der Einerstelle addiert.

Aufgabe 2.15: Welches ist der größte Summand, den man im Serienaddierwerk nach Bild 2.13 zur Zahl LL0 addieren kann?

2.4. Schieberegister

Der Grundgedanke zum Aufbau eines Serienaddierwerks, bei dem man nicht umzustöpseln braucht, ist einfach: Statt den Volladdierer von der Einerstelle her an die einzelnen Stellen der Summanden zu bringen, kann man die Stellen der Summanden so verschieben, daß sie nacheinander am Volladdierer liegen. Dazu läßt man den Volladdierer fest und schiebt eine Stelle nach der anderen an den Volladdierer heran, bis die Addition an allen Stellen ausgeführt ist. Zur Realisierung dieser Idee braucht das Flußdiagramm für den Ablauf im Serienaddierwerk nur an einer Stelle geändert zu werden. Auf der rechten Seite der Schleife in Bild 2.12 muß es jetzt heißen:

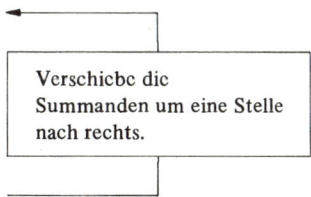

Wie läßt sich das in der Schaltung verwirklichen? Die Speicherglieder sind so eingerichtet, daß sie den Inhalt eines anderen Speichergliedes übernehmen können. Diese Übernahme erfolgt auf ein bestimmtes Signal hin. Wie das geschieht, soll zunächst untersucht werden.

Das Signal für die Übernahme wird von einem besonderen Bauteil gegeben, der als *Taktsignalgeber* oder kurz als *Taktgeber* bezeichnet wird (Bild 2.14). Der Taktgeber hat links unten einen Drehknopf. Dreht man diesen etwas nach rechts (im Uhrzeigersinn), so beobachtet man ein ständig wiederkehrendes Aufleuchten und Verlöschen der Lampe am Ausgang. Dieser ständige Wechsel zwischen Helligkeit und Dunkelheit zeigt an, daß am Ausgang T des Taktgebers ein ständiger Wechsel zwischen 12 V und 0 V erfolgt. Es handelt sich um eine Rechteckspannung (Bild 2.15).

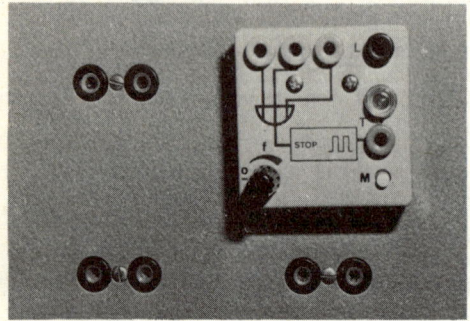

Schaltzeichen

Bild 2.14
Foto und Schaltzeichen des Taktgebers zum Lehrgerät SIMULOG

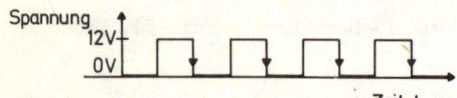

Bild 2.15
Spannung – Zeit – Diagramm: Die Spannung am Ausgang T des Taktgebers wechselt ständig zwischen 0 V und 12 V.

Dreht man den Knopf noch weiter nach rechts, so erfolgt der Wechsel immer schneller. Schließlich geschieht er so schnell, daß das Auge nicht mehr zu folgen vermag. Der Taktgeber kann bis zu 100 mal in einer Sekunde zwischen den beiden Zuständen wechseln.

Oben links hat der Taktgeber drei Buchsen, mit denen man die automatische Erzeugung der Rechteckspannung stoppen kann. Verbindet man einen dieser *STOP-Eingänge* mit einer 12 V-Buchse, so bleibt die Lampe des Taktgebers dunkel. Es liegt dann stets die Spannung 0 V an seinem Ausgang. Auf diese Weise werden wir den Taktgeber stoppen, wenn die Rechnung fertig ausgeführt ist.

Ist der Taktgeber gestoppt, kann man mit der Taste M (rechts unten) einzelne Signale auslösen. Wird die Taste gedrückt, so leuchtet die Lampe des Taktgebers auf; am Ausgang liegt die Spannung 12 V. Die Lampe leuchtet so lange, bis die Taste wieder losgelassen wird. Dann geht die Spannung am Ausgang T von 12 V auf 0 V zurück. Mit dieser Taste werden wir zunächst Einzelsignale auslösen, um die Vorgänge beim Rechenablauf genau verfolgen zu können.

Um in einem Register durch Taktsignale Verschiebungen durchführen zu können, verbinden wir die beiden Ausgänge X und $\overline{X}$ eines Speicherglieds x mit den *Vorbereitungseingängen* V und $\overline{V}$ (siehe Bild 2.1) eines rechts davon stehenden Speicherglieds y. Durch diese Verbindung ist das Speicherglied y darauf vorbereitet worden, den Inhalt vom Speicherglied x zu übernehmen. Dann schließen wir den Ausgang T des Taktgebers an den Takteingang T des Speicherglieds y an, das den Inhalt von Speicherglied x übernehmen soll (Bild 2.16). Geben wir den Speichergliedern x und y verschiedene Inhalte, drücken die Taste M des gestoppten Taktgebers und lassen sie wieder los, so beobachten wir die in Tabelle 2.5 zusammengestellten Übergänge.

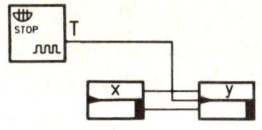

Bild 2.16

Das Speicherglied y über-
nimmt den Inhalt vom Speicherglied x, wenn der Taktgeber das Übernahmesignal
gibt.

Tabelle 2.5

Anfangsinhalt		Taktsignal	Endinhalt	
x	y		x	y
0	0	↳	0	0
0	L	↳	0	0
L	0	↳	L	L
L	L	↳	L	L

Man erkennt: Beim Drücken der Taste M, d. h. beim Aufleuchten der Lampe, geschieht
noch nichts. Erst beim Loslassen übernimmt das Speicherglied y den Inhalt von Speicherglied x. Das *Übernahmesignal* ist also das Zurückgehen der Spannung am Ausgang T des
Taktgebers von 12 V auf 0 V. Man sagt auch: Übernahmesignal ist die fallende Flanke der
Rechteckspannungskurve.

Damit haben wir herausgefunden, wie man den Inhalt eines Speicherglieds auf ein anderes
Speicherglied übertragen kann. Mit dieser Übertragungsmöglichkeit läßt sich der Gedanke
zur Verbesserung des Serienaddierwerks verwirklichen. Man kann die Summandenregister
so schalten, daß jedes rechts stehende Speicherglied auf ein Taktsignal hin den Inhalt des
vorangehenden Speicherglieds übernimmt (Bild 2.17). Damit werden die einzelnen Stellen
der Summanden nacheinander in den Volladdierer hineingeschoben.

Untersuchen wir zunächst die Vorgänge in einem Register der Wortlänge 4 bit, das auf
diese Weise geschaltet wurde. Jedes Speicherglied ist vom vorangehenden vorbereitet, und
jedes übernehmende ist an den Taktgeber angeschlossen. Wir schreiben die Zahl L000 in
das Register ein und geben mit der Taste M einzelne Signale. Die Beobachtung ist in der
folgenden Tabelle zusammengefaßt:

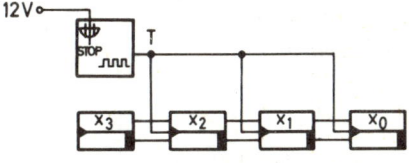

Bild 2.17

In dem Register sind die Speicherglieder so geschaltet, daß jedes auf das Taktsignal hin den
Inhalt vom links stehenden Speicherglied übernimmt.

Tabelle 2.6

	x_3	x_2	x_1	x_0
Anfang	L	0	0	0
nach dem 1. Signal	L	L	0	0
nach dem 2. Signal	L	L	L	0
nach dem 3. Signal	L	L	L	L
nach dem 4. Signal	L	L	L	L

Nach dem 3. Signal ändert sich nichts mehr. Der Inhalt des Speicherglieds x_3 hat sich ganz
in das Register hineingeschoben. Man spricht daher von einem Schieberegister. Genauer
müßte man sagen, daß es sich bei dieser Schaltung um ein rechtsschiebendes Schieberegister
handelt.

Beim bisher untersuchten rechtsschiebenden Register ist das erste Speicherglied nicht vorbereitet worden; es erhält auch keine Taktsignale. Daher hat es seinen Inhalt nicht geändert. Sein Anfangsinhalt hat sich nach rechts in das Register hineingeschoben; der Inhalt der anderen Speicherglieder ist verlorengegangen.

Nun soll das erste (linke) Speicherglied auch vorbereitet werden. Man könnte seine Vorbereitungseingänge an die Ausgänge des letzten Speichergliedes eines anderen Schieberegisters anschließen. Dann würde der Inhalt dieses Registers in das angeschlossene Register übertragen. Auf diese Weise lassen sich Zahlen von einem Register in ein anderes transportieren oder umspeichern. Das soll in Aufgabe 2.18 in „Serienübertragung" und in Aufgabe 2.19 in „Parallelübertragung" geschehen.

Man kann auch die Vorbereitungseingänge des ersten Speichergliedes mit den Ausgängen des letzten (rechten) Speichergliedes verbinden (Bild 2.18).

Die Beobachtung nach den einzelnen Taktsignalen tragen wir in eine Tabelle ein. Die Tabelle 2.7 enthält die Inhalte der vier Speicherglieder nach den mit der Taste M ausgelösten Übernahmesignalen.

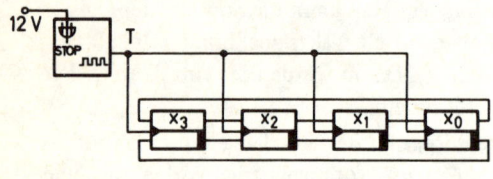

Bild 2.18
Das Register ist als Ringschieberegister geschaltet.

Tabelle 2.7

	x_3	x_2	x_1	x_0
Anfang	L	0	L	L
nach dem 1. Signal	L	L	0	L
nach dem 2. Signal	L	L	L	0
nach dem 3. Signal	0	L	L	L
nach dem 4. Signal	L	0	L	L

Die Tabelle zeigt: Nach dem 4. Signal steht wieder die gleiche Zahl im Register wie am Anfang. Die Zahl ist nach rechts hindurchgeschoben worden und dabei nicht verloren gegangen. Man spricht bei dieser Schaltung von einem *Ringschieberegister*.

Aufgabe 2.16: Wie kann man zwei Speicherglieder so schalten, daß beim Taktsignal das linke den Inhalt des rechten übernimmt?

Aufgabe 2.17: Schalten Sie ein linksschiebendes Register der Wortlänge 4 bit. Geben Sie den Anfangsinhalt LLL0 ein und tragen Sie die nach den einzelnen Signalen beobachteten Inhalte in eine Tabelle ein.

Aufgabe 2.18: Schalten Sie ein Register y der Wortlänge 4 bit so hinter ein Register x der gleichen Wortlänge, daß es nach vier Taktsignalen den Inhalt von x übernommen hat.

Aufgabe 2.19: Schalten Sie ein Register y der Wortlänge 4 bit so mit einem Register x der gleichen Wortlänge zusammen, daß es den gesamten Inhalt von x beim ersten Taktsignal übernimmt.

Aufgabe 2.20: Bauen Sie ein rechtsschiebendes Ringschieberegister der Wortlänge 2 bit. Vergleichen Sie sein Verhalten mit dem eines linksschiebenden Ringschieberegisters gleicher Wortlänge.

Aufgabe 2.21: Wie kann man ein Ringschieberegister der Wortlänge 4 bit so schalten, daß nach vier Signalen gerade der „entgegengesetzte" Inhalt darin steht, d. h. statt L0LL dann 0L00?

2.5. Aufbau eines Serienaddierwerks

Wir wollten beim Serienaddierwerk die einzelnen Stellen der Summanden nacheinander an den Volladdierer legen. Das läßt sich dadurch verwirklichen, daß beide Summandenregister als rechtsschiebende Register geschaltet werden. Nehmen wir Ringschieberegister, so bleiben die Summanden erhalten. Der Volladdierer wird dabei fest an die Ausgänge der letzten Speicherglieder angeschlossen (Bild 2.19).

Dieser feste Anschluß des Volladdierers hat zusätzlich den Vorteil, daß man nur noch ein einziges Speicherglied für den Übertrag braucht. In dieses Speicherglied darf der Übertrag aber nicht mehr über den Setz- und Rücksetzeingang eingeschrieben werden, da der jeweilige Übertrag erst bei der Addition der nächsten Stelle berücksichtigt werden darf.

Man verbindet die Vorbereitungseingänge des Übertragsspeichers mit den Ausgängen des Volladdierers für ü und ǖ (Bild 2.20). Dann übernimmt der Übertragsspeicher beim folgenden Signal, wenn auch die Summanden um eine Stelle nach rechts verschoben werden, den Übertrag von der vorangehenden Stelle. Bei der nächsten Addition wird er dann berücksichtigt.

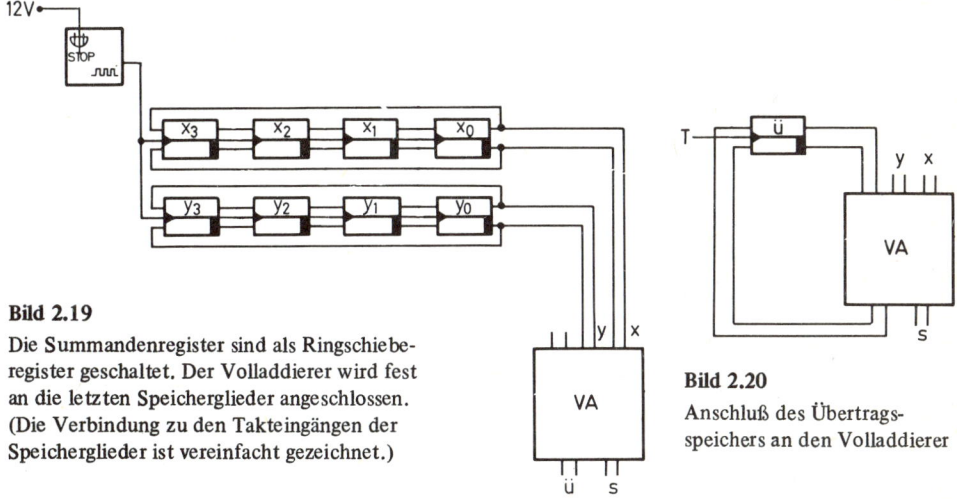

Bild 2.19
Die Summandenregister sind als Ringschieberegister geschaltet. Der Volladdierer wird fest an die letzten Speicherglieder angeschlossen. (Die Verbindung zu den Takteingängen der Speicherglieder ist vereinfacht gezeichnet.)

Bild 2.20
Anschluß des Übertragsspeichers an den Volladdierer

Das Einschreiben der Summe in das Ergebnisregister braucht auch nicht mehr mit der Hand zu geschehen, wenn wir das Ergebnisregister als Schieberegister schalten. Dazu werden die Vorbereitungseingänge des ersten (linken) Speicherglieds an die Ausgänge des Volladdierers für s und s̄ angeschlossen. Für das Serienaddierwerk ergibt sich damit die Schaltung nach Bild 2.21.

Diese Schaltung soll nun am Beispiel LL0 + L0L erprobt werden. Dabei ist darauf zu achten, daß Übertrag und Summe richtig eingeschrieben werden. Außerdem muß am Anfang der Inhalt des Summenregisters und des Übertragsspeichers gelöscht sein. In Bild 2.22 sind die Register und die Zustände an den Eingängen und an den Ausgängen des Volladdierers schematisch aufgezeichnet.

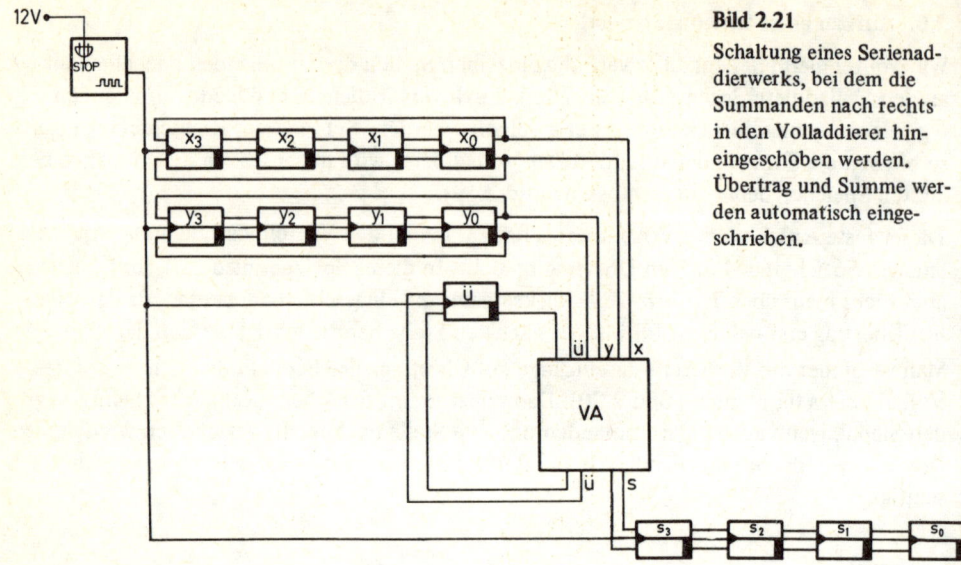

Bild 2.21

Schaltung eines Serienaddierwerks, bei dem die Summanden nach rechts in den Volladdierer hineingeschoben werden. Übertrag und Summe werden automatisch eingeschrieben.

Nach vier Taktsignalen ist die Addition beendet. Die Summe LOLL steht stellenrichtig im Summenregister, und die Summanden stehen wieder — wie am Anfang — in den Summandenregistern.

Das Serienaddierwerk arbeitet, ohne daß Verbindungen zu lösen und neue Verbindungen herzustellen sind. Das einzige, was von außen erfolgen muß, ist das Drücken der Taste M, um die Signale zu geben. Diese Erzeugung der Signale durch Tastendruck kann man einsparen, wenn man den Taktgeber automatisch arbeiten läßt. Dazu nehmen wir die Verbindung des STOP-Eingangs mit der 12 V-Buchse heraus, sobald wir die Summanden eingegeben haben. Dann beginnt der Taktgeber, Signale an das Addierwerk zu geben. Die Addition wird automatisch durchgeführt. Sie müßte eigentlich nach vier Taktsignalen beendet sein. Da der Taktgeber aber immer weiter Signale gibt, beginnt die Addition — die Summanden stehen ja wieder stellenrichtig in den Summandenregistern — von vorne. So wird dieselbe Addition ohne Aufhören immer wieder durchgeführt.

Wie kann man erreichen, daß der Taktgeber nach genau vier Signalen gestoppt wird? Dieses Problem untersuchen wir im folgenden Abschnitt.

Aufgabe 2.22: Zeichnen und schalten Sie ein Serienaddierwerk, dessen Register die Wortlänge 5 bit haben.

Aufgabe 2.23: Schreiben Sie für das Serienaddierwerk der Aufgabe 2.22 die einzelnen Schritte der Rechnung LOLL + LLO wie in Bild 2.22 nacheinander hin.

Aufgabe 2.24: Welches ist die größte Zahl, die mit dem Serienaddierwerk von Bild 2.21 zu LOLL addiert werden kann?

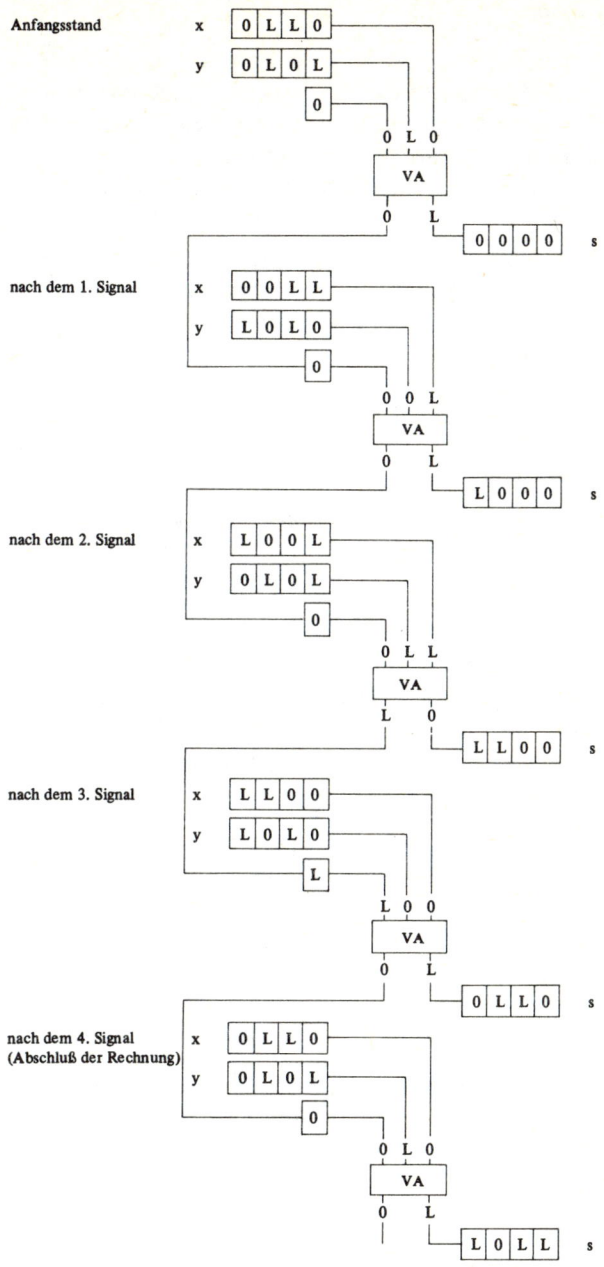

Bild 2.22. Übersicht über den Rechenablauf im Serienaddierwerk

2.6. Steuerung des Rechenablaufs

Bei automatischem Betrieb muß ein Serienaddierwerk, dessen Register die Wortlänge 4 bit haben, nach genau 4 Taktsignalen gestoppt werden. Damit das geschehen kann, müßte das Gerät die Signale zählen können. Das läßt sich durch eine besondere Schaltung erreichen, die man als *Dualzähler* bezeichnet. Wir wollen einen solchen Dualzähler entwickeln und ihn so anschließen, daß er den Taktgeber nach einer beliebig vorgebbaren Zahl von Signalen stoppt.

Zunächst untersuchen wir das Verhalten eines Speichergliedes, das sich selbst vorbereitet. Wir verbinden seinen Ausgang X mit dem Vorbereitungseingang $\overline{V}$ und seinen Ausgang $\overline{X}$ mit dem Vorbereitungseingang V (Bild 2.23). Man spricht kurz davon, daß das Speicherglied „über Kreuz" vorbereitet ist.

Durch die Vorbereitung über Kreuz kann das Speicherglied auf ein Taktsignal hin den Inhalt übernehmen, den es gerade nicht hat. Das bestätigt Tabelle 2.8.

Tabelle 2.8

	x
Anfang	0
nach dem 1. Signal	L
nach dem 2. Signal	0
nach dem 3. Signal	L
nach dem 4. Signal	0

Bei jedem Signal ändert sich der Inhalt des Speichergliedes. Am Ausgang des Speichergliedes wechselt die Spannung ständig zwischen 12 V und 0 V. Es entsteht eine ähnliche Rechteckspannung, wie wir sie schon am Ausgang T des Taktgebers beobachtet haben. Beide Rechteckspannungen wollen wir in einem Diagramm einander gegenüberstellen (Bild 2.24).

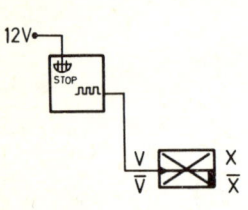

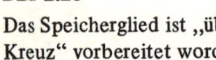

Bild 2.23
Das Speicherglied ist „über Kreuz" vorbereitet worden. (Dafür zeichnet man in das Schaltzeichen die Diagonalen ein.)

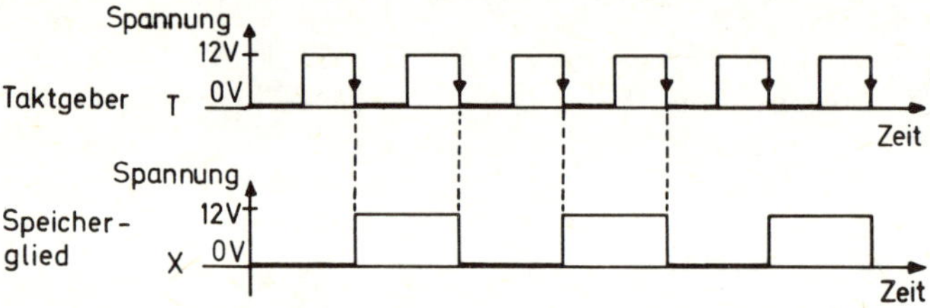

Bild 2.24
Die Rechteckspannung am Speicherglied x wechselt genau halb so oft zwischen 12 V und 0 V wie die Spannung am Taktgeber.

Man erkennt: Die Rechteckspannung am Ausgang X des über Kreuz vorbereiteten Speichergliedes wechselt halb so oft zwischen 12 V und 0 V wie die am Ausgang T des Taktgebers. Dieses Speicherglied kann man nun seinerseits als Signalgeber benutzen. Da die Spannung an seinem Ausgang nur halb so oft wechselt, gibt der neue Signalgeber in der gleichen Zeit nur halb so viele Signale ab wie der ursprüngliche Taktgeber.

Geben wir diese Taktsignale an ein zweites Speicherglied, das ebenfalls über Kreuz vorbereitet ist, so entsteht an seinem Ausgang wieder eine Rechteckspannung. Diese wechselt halb so oft wie die Rechteckspannung des zugehörigen Signalgebers, also nur bei jedem vierten Signal des Taktgebers. Das zweite Speicherglied ist damit ein Signalgeber, der in einer bestimmten Zeit nur ein Viertel der Signale des Taktgebers T aussendet. Dies läßt sich mit weiteren über Kreuz vorbereiteten Speichergliedern fortsetzen.

Wir schalten drei über Kreuz vorbereitete Speicherglieder so hintereinander, daß jedes rechts stehende als Signalgeber für das links stehende arbeitet (Bild 2.25). Dann geben wir mit der Taste M einzelne Taktsignale an das rechte Speicherglied. Die beobachteten Speicherinhalte enthält die Tabelle 2.9.

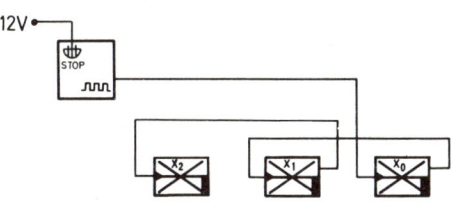

Bild 2.25

Schaltung von drei über Kreuz vorbereiteten Speichergliedern, bei denen jedes der Signalgeber für das folgende ist

Tabelle 2.9

	x_2	x_1	x_0
Anfang	0	0	0
nach dem 1. Signal	0	0	L
nach dem 2. Signal	0	L	0
nach dem 3. Signal	0	L	L
nach dem 4. Signal	L	0	0
nach dem 5. Signal	L	0	L
nach dem 6. Signal	L	L	0
nach dem 7. Signal	L	L	L
nach dem 8. Signal	0	0	0

Die Tabelle zeigt: Das Speicherglied x_0 ändert seinen Inhalt bei jedem Taktsignal, das Speicherglied x_1 bei jedem zweiten und das Speicherglied x_2 bei jedem vierten Taktsignal. Nach dem 8. Taktsignal ist wieder der Anfangsstand 000 erreicht.

Man erkennt weiter, daß in dem Register nacheinander die Dualzahlen von 0 = 000 bis 7 = LLL stehen. Nach dem 1. Taktsignal erscheint die Zahl 1, nach dem 2. Taktsignal die Zahl 2 usw. Die Schaltung zählt also die Taktsignale des Taktgebers, sie ist ein Dualzähler. Der Zähler zählt allerdings nicht unbeschränkt weiter, sondern nur bis zur Zahl 7 und springt dann auf 0 zurück. Man sagt: Der Zähler zählt „modulo 8".

Mit diesem Dualzähler können wir im Serienaddierwerk die Signale des Taktgebers und damit die ausgeführten Schritte zählen. Wir können ihn auch dazu verwenden, daß er den Taktgeber stoppt, wenn eine bestimmte Zahl von Schritten ausgeführt worden ist. Beim Addierwerk mit Registern der Wortlänge 4 bit muß der Taktgeber nach vier Signalen gestoppt werden, d. h. nach vier Signalen muß an seinem STOP-Eingang die Spannung 12 V liegen.

Beim vierten Taktsignal erhält das Speicherglied x_2 gerade den Inhalt L. Wir verbinden den Ausgang des Speichergliedes x_2 mit dem STOP-Eingang des Taktgebers (Bild 2.26). Dann erhält der STOP-Eingang beim vierten Taktsignal die Spannung 12 V, und der Taktgeber hört auf, Signale zu geben.

Damit ist das gesteckte Ziel erreicht, den Taktgeber nach der Ausführung der Addition im Serienaddierwerk zu stoppen. Will man eine neue Additionsaufgabe rechnen lassen, so gibt man die neuen Summanden ein und setzt zum Start des Additionsvorgangs den Dualzähler auf 0 zurück, indem man über den Eingang R sein Speicherglied x_2 auf 0 zurücksetzt.

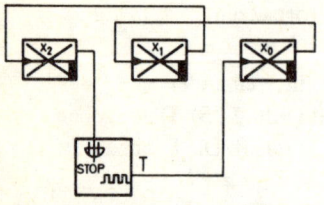

Bild 2.26
Der Taktgeber wird nach dem vierten
Taktsignal vom Zähler gestoppt.

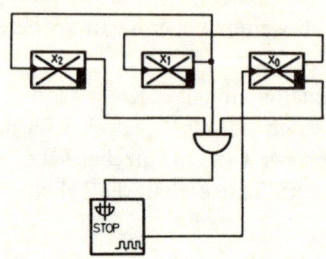

Bild 2.27
Mit Dualzähler und UND-Gatter läßt
sich der Taktgeber nach dem 6. Signal
stoppen.

Es erhebt sich die Frage, wie man mit Hilfe des Dualzählers den Taktgeber auch nach einer anderen Zahl von Schritten stoppen kann. Soll beispielsweise nach dem 6. Taktsignal gestoppt werden, so läßt sich dies nicht mehr so einfach erreichen wie bei der Zahl 4. Eine Überlegung kann helfen, die Schaltung zu finden: Der Taktgeber muß genau dann gestoppt werden, wenn x_2 den Inhalt L *und* x_1 den Inhalt L *und* x_0 den Inhalt 0 haben. Die hervorgehobenen Bindewörter „und" lassen erkennen, daß man mit einem UND-Gatter zum Ziele kommt. Verbinden wir die Ausgänge X_2, X_1 und $\overline{X}_0$ mit den Eingängen eines UND-Gatters (Bild 2.27), so liegt an allen Eingängen des UND-Gatters genau dann die Spannung 12 V, wenn die Zahl LL0 im Dualzähler steht. Nur bei dieser Belegung der Eingänge hat der Ausgang des UND-Gatters die Spannung 12 V. Schließt man ihn an den STOP-Eingang des Taktgebers, so wird der Taktgeber nach dem sechsten Signal gestoppt.

Auch wenn man nach vier Signalen stoppen will, kann man statt der ersten einfachen Schaltung ein UND-Gatter verwenden. Seine Eingänge werden mit den Ausgängen X_2, $\overline{X}_1$ und $\overline{X}_0$ verbunden. Diese Stoppschaltung ist in der Schaltzeichnung des vollständigen Serienaddierwerks (Bild 2.28) vorgesehen.

In dieser Schaltung ist gegenüber der Schaltung von Bild 2.21 eine Vereinfachung vorgenommen worden: Das Serienaddierwerk enthält kein besonderes Ergebnisregister mehr. Die Summe wird in das zweite Summandenregister hineingeschoben, das nicht mehr als Ringschieberegister, sondern als Schieberegister geschaltet ist. Es wird von den Ausgängen des Volladdierers für s und $\overline{s}$ vorbereitet. Während der zweite Summand bei jedem Signal um eine Stelle nach rechts herausgeschoben wird, rückt von links her die Summe nach. Nach vier Taktsignalen ist der Summand ganz verschwunden, und die Summe steht stellenrichtig im Register y. Ein derart geschaltetes Register wird *Akkumulator* genannt. Durch die Verwendung des Akkumulators kann ein Register gespart werden.

Die Verwendung eines Akkumulators bringt nicht nur eine Ersparnis von Speichergliedern. Man kann mit diesem Serienaddierwerk auch mehr als zwei Dualzahlen miteinander addie-

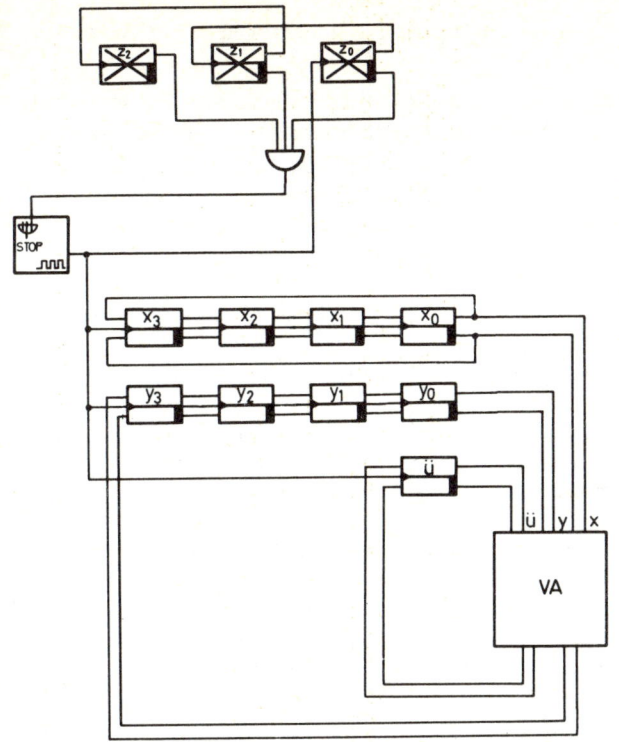

Bild 2.28
Vollständige Schaltung eines
Serienaddierwerks mit Akkumulator und mit Steuerung
des Rechenablaufs durch
einen Dualzähler

ren. Sollen z. B. fünf Zahlen addiert werden, so schreibt man zunächst die beiden ersten
Zahlen ein. Diese addiert man zur ersten Zwischensumme, die dann im Akkumulator steht.
In das erste Summandenregister schreibt man die dritte Zahl ein und addiert sie zur ersten
Zwischensumme. Die zweite Zwischensumme steht wieder im Akkumulator. Zu ihr wird
die vierte Zahl addiert und entsprechend die fünfte Zahl zur dritten Zwischensumme.

Das soll am Beispiel LL + L0 + L00 + L0 + L00 ausführlich gezeigt werden:

```
1. Addition        L  L
                 + L  0
                 L  0
                 ‾‾‾‾‾‾‾‾
                 L  0  L ┐ 1. Zwischensumme
2. Addition            L  0  0
                 ┗►+ L  0  L
                 ‾‾‾‾‾‾‾‾‾‾‾‾
                 L  0  0
                 ‾‾‾‾‾‾‾‾‾‾‾‾
                 L  0  0  L ┐ 2. Zwischensumme
3. Addition                  L  0
                 ┗►+ L  0  0  L
                 ‾‾‾‾‾‾‾‾‾‾‾‾‾‾‾‾
                 0  0  0
                 ‾‾‾‾‾‾‾‾‾‾‾‾‾‾‾‾
                 L  0  L  L ┐ 3. Zwischensumme
4. Addition                      L  0  0
                 ┗►+ L  0  L  L
                 ‾‾‾‾‾‾‾‾‾‾‾‾‾‾‾‾‾‾
                 0  0  0
                 ‾‾‾‾‾‾‾‾‾‾‾‾‾‾‾‾‾‾
                 L  L  L  L    Endsumme
```

Man führt die Addition von mehr als zwei Dualzahlen durch mehrfache Addition von je zwei Zahlen aus.

Auf diese Weise lassen sich auch besondere Multiplikationsaufgaben lösen. Soll mit einer natürlichen Zahl multipliziert werden, so kann man statt desssen so oft addieren, wie die natürliche Zahl angibt. Statt z. B. $6 \cdot 13$ zu rechnen, löst man die Additionsaufgabe $13 + 13 + 13 + 13 + 13 + 13$. Sie läßt sich mit dem Serienaddierwerk einfach lösen, weil das erste Summandenregister als Ringschieberegister geschaltet ist. Dort steht immer wieder der gleiche Summand zur Addition bereit.

Aufgabe 2.25: Zeichnen Sie wie in Bild 2.24 den Spannungsverlauf für alle drei Speicherglieder eines Dualzählers untereinander.

Aufgabe 2.26: Wie weit kann ein Dualzähler mit fünf über Kreuz vorbereiteten Speichergliedern zählen?

Aufgabe 2.27: Wieviel Speicherglieder braucht man, wenn der Dualzähler bis 100 zählen soll?

Aufgabe 2.28: Wie muß man das UND-Gatter der Stoppschaltung anschließen, wenn man seinen negierten Ausgang mit dem STOP-Eingang des Taktgebers verbindet und nach vier Taktsignalen stoppen will?

Aufgabe 2.29: Schalten Sie ein Serienaddierwerk mit Akkumulator, dessen Register die Wortlänge 5 bit haben. Rechnen Sie mit diesem Serienaddierwerk die Aufgabe L0L + LL + L0 + L00 + LLL.

Aufgabe 2.30: Rechnen Sie mit diesem Serienaddierwerk die Multiplikation LL · L00 auf zwei Wegen. Welcher Weg ist günstiger?

2.7. Steuerung durch Befehle

Das Serienaddierwerk ist nur ein ganz kleiner Bestandteil der Zentraleinheit eines Computers. Es gehört zu dem Funktionsteil des Computers, den man als *Rechenwerk* bezeichnet. Im Rechenwerk sind außer dem Serienaddierwerk Schaltungen zum Subtrahieren, zum Multiplizieren, zum Dividieren und für weitere Rechenoperationen enthalten.

Neben dem Rechenwerk enthält die Zentraleinheit eines Computers ein *Speicherwerk*. Dieses enthält eine große Zahl von Registern. Dort werden die eingegebenen Zahlen gespeichert, von dort werden sie ins Rechenwerk transportiert,und vom Rechenwerk werden die Ergebnisse wieder in das Speicherwerk eingelesen. Dieser Zahlentransport kann z. B. durch Zusammenschalten von Schieberegistern geschehen.

Als dritter Funktionsteil der Zentraleinheit eines Computers ist das *Steuerwerk* zu nennen. Zum Steuerwerk zählt man alle Schaltungen, die den Ablauf der Rechenoperationen und den Transport von Zahlen steuern. In dem von uns entwickelten Serienaddierwerk kann man den Dualzähler und die Stoppschaltung als Steuerschaltungen ansehen.

Die drei Funktionsteile stehen in enger Wechselwirkung miteinander. Das Steuerwerk veranlaßt den Zahlentransport vom Speicherwerk in das Rechenwerk, es steuert den Rechenablauf,und es sorgt dafür, daß nach Abschluß der Rechnung die Ergebnisse ins Speicherwerk transportiert werden (Bild 2.29).

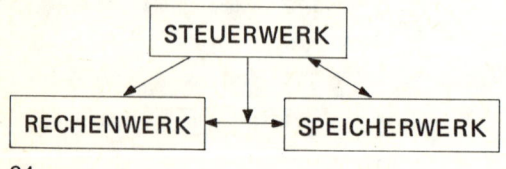

Bild 2.29
Die drei Funktionsteile bilden die Zentraleinheit eines Computers.

Wir wollen abschließend in einem einfachen Modell dieses Zusammenspiel der Teile eines Computers veranschaulichen. Das schon entwickelte Serienaddierwerk nehmen wir als Rechenwerk. Um den Aufwand an Speichergliedern gering zu halten, soll das Addierwerk mit Registern der Wortlänge 3 bit ausgestattet werden. Dann lassen sich zwar nur Aufgaben mit sehr kleinen Zahlen lösen, aber es läßt sich doch das Wesentliche im Zusammenwirken der Teile des Computers zeigen (Bild 2.30).

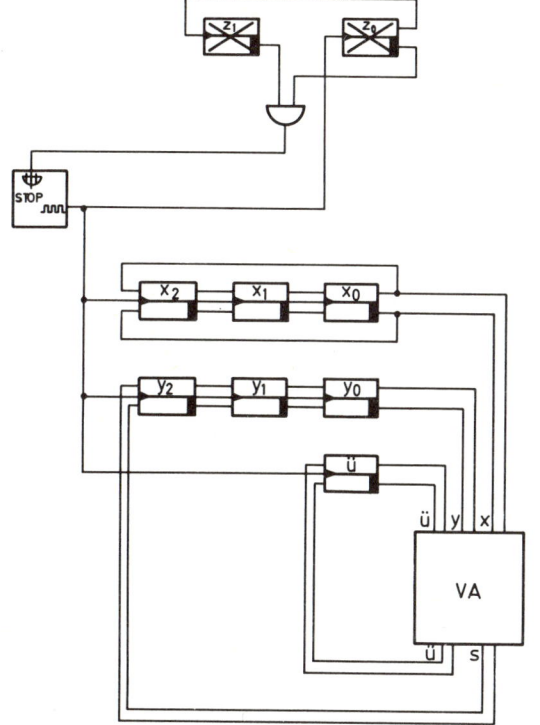

Bild 2.30

Das Rechenwerk des Computermodells ist ein Serienaddierwerk mit Registern der Wortlänge 3 bit.

Die Steuerung des Serienaddierwerks gelingt in diesem Falle durch einen Dualzähler, der von 0 bis 3 zählen kann. Wir schalten ein UND-Gatter so an den Zähler, daß der Taktgeber beim Inhalt 00 gestoppt wird. Man kann dann die automatische Abgabe von drei Taktsignalen dadurch auslösen, daß man die Einerstelle des Zählers von 0 auf L setzt.

Zu dem Serienaddierwerk setzen wir ein weiteres Register der Wortlänge 3 bit; dieses soll das Speicherwerk darstellen. Die Vorbereitungseingänge dieses Registers s verbinden wir mit den Ausgängen des Akkumulators y im Serienaddierwerk. Damit ist das Speicherwerk vorbereitet, den Inhalt des Akkumulators, d. h. das Ergebnis der Rechnung zu übernehmen (Bild 2.31).

Nun soll zum Computermodell ein Steuerwerk entwickelt werden, das den Rechenablauf steuert. Zum Steuerwerk gehören zunächst der Taktgeber und der Dualzähler, der ihn nach drei Taktsignalen stoppt. Zusätzlich wollen wir eine Steuerschaltung aufbauen, die den Computer veranlaßt, nach unserem Wunsch entweder zu addieren oder den Inhalt des

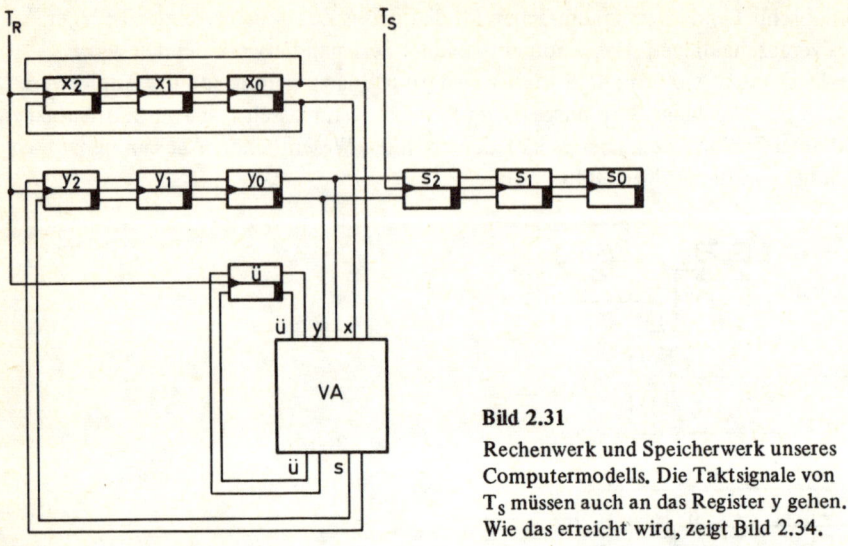

Bild 2.31

Rechenwerk und Speicherwerk unseres
Computermodells. Die Taktsignale von
T_S müssen auch an das Register y gehen.
Wie das erreicht wird, zeigt Bild 2.34.

Akkumulators in das Speicherwerk zu übernehmen. Dieses Ziel läßt sich dadurch erreichen,
daß man den Taktgeber nicht unmittelbar an das Serienaddierwerk anschließt. Die Taktsignale müssen je nach Vorhaben an das Rechenwerk oder an das Speicherwerk gegeben
werden.

Eine solche Verteilung der Taktsignale je nach Vorhaben leistet eine einfache Schaltung
aus einem Speicherglied und zwei UND-Gattern (Bild 2.32).

Das Speicherglied b, in dem die Befehle „rechne" oder „speichere" eingegeben werden
können, wird als *Befehlsregister* bezeichnet. Bei unserem einfachen Modell besteht das
Befehlsregister aus einem einzigen Speicherglied, hat also die Wortlänge 1 bit. Gibt man
dem Befehlsregister den Inhalt L, so entspricht dieser Inhalt dem Befehl „speichere".
Dann transportiert der Computer bei den nächsten drei Taktsignalen den Inhalt des Akkumulators in das Speicherwerk. Das wird dadurch erreicht, daß jetzt beim rechten UND-
Gatter T_S am linken Eingang die Spannung 12 V liegt. Am anderen Eingang liegt die vom
Taktgeber erzeugte Rechteckspannung. Solange vom Taktgeber her 12 V anliegen, hat
auch der Ausgang des UND-Gatters die Spannung 12 V. Geht die Spannung des Taktgebers
auf 0 V zurück, so geht auch die Spannung am Ausgang des UND-Gatters T_S auf 0 V zurück. Dieser Rückgang der Spannung von 12 V auf 0 V ist aber gerade das Signal für die
Übernahme. Man erkennt: Das rechte UND-Gatter T_S läßt die Signale des Taktgebers
durch. Es kann als Signalgeber für das Speicherwerk dienen.

Dagegen beträgt die Spannung am Ausgang des linken UND-Gatters T_R stets 0 V, wenn
das Befehlsregister den Inhalt L hat. Da der eine Eingang dieses UND-Gatters mit dem
negierten Ausgang R des Befehlsregisters verbunden ist, liegt an ihm die Spannung 0 V.
Auch wenn vom Taktgeber her die Spannung 12 V an einen der anderen Eingänge gelegt
wird, bleibt die Spannung am Ausgang 0 V. Die Taktsignale des Taktgebers werden nicht
hindurchgelassen (Bild 2.33).

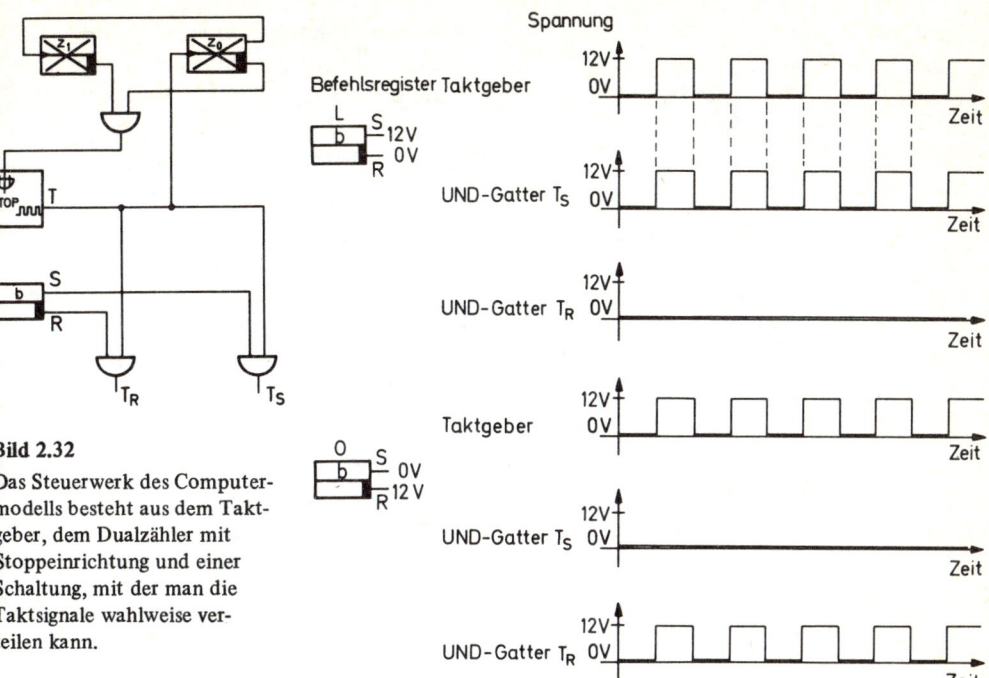

Bild 2.32

Das Steuerwerk des Computermodells besteht aus dem Taktgeber, dem Dualzähler mit
Stoppeinrichtung und einer
Schaltung, mit der man die
Taktsignale wahlweise ver-
teilen kann.

Bild 2.33

Hat das Befehlsregister den Inhalt L, so läßt das rechte UND-
Gatter T_S die Taktsignale durch. Hat das Befehlsregister den
Inhalt 0, so läßt das linke UND-Gatter T_R die Taktsignale durch.

Genau umgekehrt ist es, wenn das Befehlsregister den Inhalt 0 erhält. Diesem Inhalt entspricht der Befehl „rechne". Dann läßt das linke UND-Gatter T_R die Signale des Taktgebers durch und das andere nicht. Mit den nächsten drei Taktsignalen wird eine Addition
im Serienaddierwerk ausgeführt.

Durch den Inhalt des Befehlsregisters ist somit festgelegt, in welchen Teil des Computers
die Signale des Taktgebers gelangen. Damit ist die Bezeichnung „Befehlsregister" verständlich geworden. In unserem einfachen Modell hat das Befehlsregister die Wortlänge 1 bit.
Daher können nur zwei Befehle eingegeben und ausgeführt werden. Wir haben die Befehle
„speichere" und „rechne" gewählt. Dem Befehl „speichere" haben wir den Inhalt L des
Befehlsregisters zugeordnet. Man sagt: Wir haben den Befehl „speichere" durch die Zahl „L"
codiert. Unter *Codierung* oder Verschlüsselung eines Befehls versteht man das Zuordnen
einer Zahl.

Die Codierung der beiden Befehle unseres einfachen Computermodells zeigt die Tabelle 2.10.

Tabelle 2.10

Befehl	Codierung
„speichere"	L
„rechne"	0

87

Die Schaltung aus dem Befehlsregister und den beiden UND-Gattern wird als *Decodier-schaltung* bezeichnet. Durch diese Schaltung wird die Codierung der Befehle wieder rückgängig gemacht. Wenn der Inhalt L im Befehlsregister steht, so speichert der Computer die Zahl des Akkumulators im Speicherwerk. Steht der Inhalt 0 im Befehlsregister, so rechnet der Computer im Serienaddierwerk. Der jeweilige Befehl wird vom Computer ausgeführt.

Der Akkumulator y des Serienaddierwerks muß nicht nur Taktsignale erhalten, wenn der Computer rechnen soll, sondern auch, wenn sein Inhalt in das Speicherwerk übertragen werden soll. Der Akkumulator braucht also Taktsignale, wenn der Befehl „rechne" (T_R gibt Signale) *oder* der Befehl „speichere" (T_S gibt Signale) im Befehlsregister eingeschrieben ist. Das Wort „oder" deutet an, daß dieses durch ein ODER-Gatter zu erreichen ist. Die Eingänge eines ODER-Gatters werden mit den Ausgängen T_R und T_S verbunden, sein Ausgang mit dem Takteingang des Akkumulators (Bild 2.34).

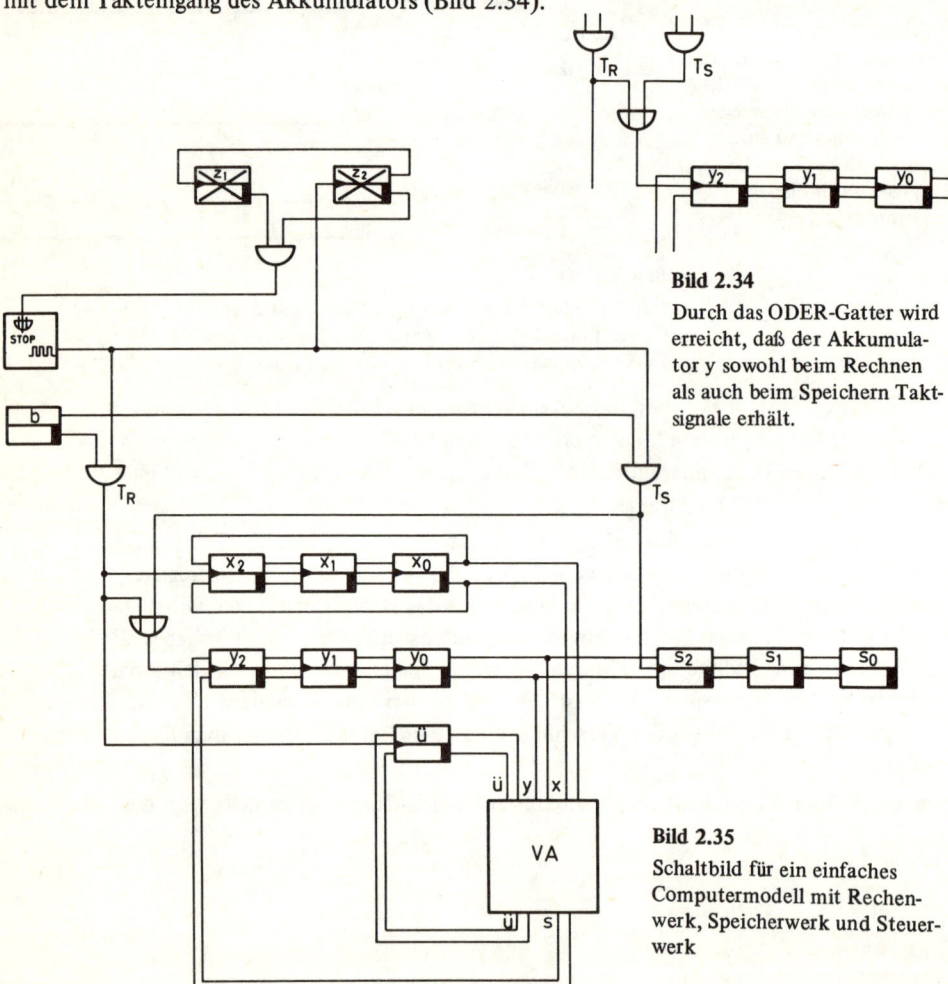

Bild 2.34

Durch das ODER-Gatter wird erreicht, daß der Akkumulator y sowohl beim Rechnen als auch beim Speichern Taktsignale erhält.

Bild 2.35

Schaltbild für ein einfaches Computermodell mit Rechenwerk, Speicherwerk und Steuerwerk

Damit sind alle Schaltungen des Steuerwerks für unser einfaches Computermodell entwickelt worden. Durch Zusammensetzen ergibt sich das Schaltbild in Bild 2.35.

Zur Erprobung des Computermodells soll die Aufgabe $0L0 \cdot 0L0 + 0LL \cdot 00L$ gerechnet werden. Zu Beginn werden alle Register gelöscht, d.h. auf 0 gesetzt.

1. Schritt: Wir geben die Zahl 0L0 in das erste Summandenregister, das Eingangsregister x, ein und geben dem Befehlsregister den Inhalt 0 („rechne"). Dann lösen wir drei Taktsignale aus, indem wir das Speicherglied z_0 des Dualzählers auf L setzen. Nach drei Taktsignalen steht das Ergebnis der Addition $0L0 + 000 = 0L0$ im Akkumulator.

2. Schritt: Wir lösen erneut drei Taktsignale aus. Dann steht das Ergebnis der Addition $0L0 + 0L0 = L00$ im Akkumulator. Das Produkt $0L0 \cdot 0L0$ ist bestimmt worden.

3. Schritt: In das Befehlsregister wird der Befehl L („speichere") gegeben und wieder z_0 auf L gesetzt. Nach drei Taktsignalen ist der Inhalt L00 des Akkumulators in das Speicherwerk s transportiert worden.

4. Schritt: Wir löschen Eingangsregister und Akkumulator und geben ins Eingangsregister die Zahl 00L ein. Dann lösen wir dreimal nacheinander drei Taktsignale aus, wobei das Befehlsregister den Inhalt 0 bekommt.

Nach den drei Additionen steht im Akkumulator das Ergebnis $00L + 00L + 00L$ oder $0LL \cdot 00L = 0LL$.

5. Schritt: In das Eingangsregister schreiben wir das Ergebnis L00 der ersten Multiplikation, das im Speicherwerk steht, ein, geben dem Befehlsregister den Inhalt 0 und lösen drei Taktsignale aus.

Danach steht im Akkumulator y das Gesamtergebnis $L00 + 0LL = LLL$ der Aufgabe.

6. Schritt: Wir geben den Befehl L („speichere") ins Befehlsregister und transportieren das Ergebnis LLL mit drei Taktsignalen in das Speicherwerk s.

Der Bereich der mit dem Computermodell lösbaren Aufgaben ist sehr beschränkt. Aber die Aufteilung eines Computers in die drei Funktionsteile Rechenwerk, Speicherwerk und Steuerwerk ist daran zu erkennen. In einer Verbesserung soll nun erreicht werden, daß die Zahlen aus dem Speicherwerk wieder in das Eingangsregister transportiert werden, ohne daß man sie mit der Hand neu eingeben muß. Dazu ist erforderlich, daß weitere Befehle gegeben und ausgeführt werden können.

Bisher haben wir im Befehlsregister mit der Wortlänge 1 bit zwei Befehle unterbringen können. Der Befehl „rechne" wurde durch 0 und der Befehl „speichere" durch L codiert. Kommen weitere Befehle hinzu, so muß man sie durch mehrstellige Dualzahlen codieren und braucht dann Befehlsregister mit größerer Wortlänge. Bei einer Wortlänge von 2 bit können vier Dualzahlen und damit vier Befehle eingegeben werden, bei 3 bit schon acht Befehle usw.

Eine weitere Verbesserung soll dadurch erreicht werden, daß die jeweiligen Befehle nicht einzeln mit der Hand in das Befehlsregister eingegeben werden. Die gesamte Rechnung soll von einer Folge von Befehlen automatisch gesteuert werden. Man nennt eine solche Befehlsfolge ein *Programm*. Für das betrachtete Beispiel bestand das Programm aus folgenden Befehlen:

1. Befehl: „rechne" 0
2. Befehl: „rechne" 0
3. Befehl: „speichere" L

4. Befehl: „rechne" 0
5. Befehl: „rechne" 0
6. Befehl: „rechne" 0
7. Befehl: „speichere" L

Man kann das Programm für eine Aufgabe in einen besonderen Speicher, den *Programmspeicher,* eingeben und daraus die Befehle nacheinander in das Befehlsregister des Steuerwerks transportieren. Das soll in einem verbesserten Computermodell geschehen.

Aufgabe 2.31: Kann das Speicherglied b des Befehlsregisters auch so eingerichtet werden, daß der Inhalt L den Befehl „rechne" und der Inhalt 0 den Befehl „speichere" codiert?

Aufgabe 2.32: Ändern Sie die Schaltung des Steuerwerks so um, daß die Befehle entsprechend der Codierung von Aufgabe 2.31 ausgeführt werden.

Aufgabe 2.33: Wieviel Befehle können eingegeben werden, wenn das Befehlsregister die Wortlänge 8 bit (1 byte) hat?

Aufgabe 2.34: Das einfache Computermodell enthält schon einen zweistelligen Befehl, den Stoppbefehl. Wie ist er codiert?

2.8. Programmgesteuerter Rechner

Im verbesserten Computermodell sollen insgesamt vier Befehle ausgeführt werden können. Es wird daher ein Befehlsregister der Wortlänge 2 bit erforderlich, und auch die Register des Programmspeichers müssen diese Wortlänge haben. Die Tabelle 2.11 enthält die vorgesehenen Befehle und ihre Codierung.

Tabelle 2.11

Befehl	Kurzform	Codierung
1. Stoppe die Signalabgabe.	STOP	00
2. Addiere x und y im Serien-addierwerk.	ADD	0L
3. Transportiere y in das Speicherwerk s.	y → s	L0
4. Transportiere s in das Eingangsregister x.	s → x	LL

Der Programmspeicher, der zur Aufnahme der Befehle dient, gehört zum Speicherwerk des Computermodells. Dieser Teil des Speicherwerks ist von dem Datenspeicher zu unterscheiden, der zur Aufnahme der zu verarbeitenden Zahlen und der Ergebnisse dient. Während der Datenspeicher des Modells aus Registern der Wortlänge 3 bit besteht, enthält der Programmspeicher Register der Wortlänge 2 bit. Diese Register werden so geschaltet, daß auf ein Taktsignal hin die Befehle in das jeweils nächste (höhere) Register transportiert werden. Der als nächster auszuführende Befehl wird vom obersten Register in das Befehlsregister des Steuerwerks geschoben (Bild 2.36).

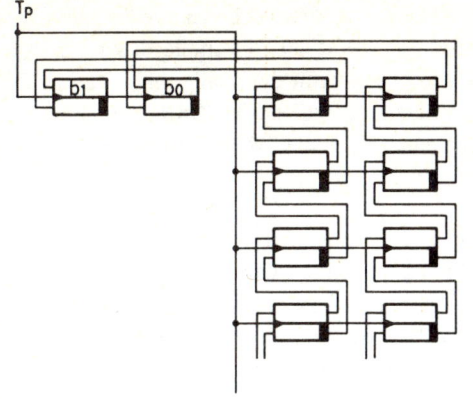

Bild 2.36
Die Befehle des Programms sind im Programmspeicher gespeichert. Sie werden auf ein Taktsignal hin in das folgende Register geschoben.

Die Taktsignale des Taktgebers müssen so aufgeteilt werden, daß nach je drei Signalen zum Ausführen der Addition oder zum Transport der Daten ein Signal zum Holen der Befehle gegeben wird. Das läßt sich dadurch erreichen, daß an den Dualzähler, der die Taktsignale zählt, ein UND-Gatter angeschlossen wird. Immer wenn der Inhalt des Zählers 00 ist, liegt am Ausgang des UND-Gatters die Spannung 12 V. Diesen Ausgang nehmen wir als Taktgeber T_P für das Holen der Programmbefehle (Bild 2.37). Der nächste Befehl wird dann aus dem Programmspeicher ins Befehlsregister geholt, wenn der Zähler von 00 auf 0L zählt. Gleichzeitig werden alle Befehle im Programmspeicher um ein Register höhergeschoben. Den negierten Ausgang des UND-Gatters verbinden wir mit der Decodierschaltung für die Befehle. Dadurch werden nur dann Befehle ausgeführt, wenn der Inhalt des Dualzählers nicht 00 ist.

Die vier Befehle werden durch vier UND-Gatter decodiert. Das soll am Beispiel des Befehls „addiere" mit der Codierung 0L erklärt werden. Das zugehörige UND-Gatter, das in der Zeichnung mit 0L gekennzeichnet ist, wird an den negierten Ausgang von b_1, an den Ausgang von b_0, an den negierten Ausgang des UND-Gatters der Schaltung von Bild 2.37 und an den Taktausgang T des Taktgebers angeschlossen (Bild 2.38). Von seinem Ausgang werden Taktsignale gegeben, wenn der Taktgeber ein Signal gibt *und* der Befehl 0L im Befehlsregister steht *und* der Zähler nicht den Inhalt 00 hat.

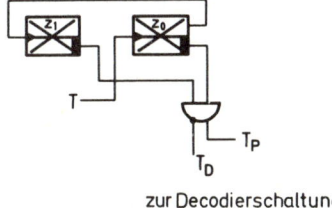

zur Decodierschaltung

Bild 2.37
Jedes vierte Taktsignal holt einen neuen Befehl aus dem Programmspeicher in das Befehlsregister.

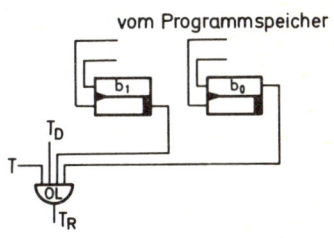

vom Programmspeicher

Bild 2.38
Decodierschaltung für den Befehl ADD, der durch die Dualzahl 0L codiert ist

Dieses Taktsignal muß an das Eingangsregister x des Serienaddierwerks, an den Akkumulator y und an den Übertragsspeicher ü gegeben werden. Aber der Akkumulator y muß auch dann ein Taktsignal bekommen, wenn der Befehl y → s mit der Codierung L0 ausgeführt werden soll. Daher wird ein ODER-Gatter an die Ausgänge des UND-Gatters 0L und L0 angeschlossen (Bild 2.39). Sein Ausgang liefert ein Taktsignal, wenn entweder das UND-Gatter 0L oder das UND-Gatter L0 ein Taktsignal gibt.

Eine besondere Schaltung ist erforderlich, damit das Eingangsregister x bei der Addition als Ringschieberegister arbeitet und beim Befehl s → x den Inhalt von s übernimmt. Das läßt sich durch die Schaltung nach Bild 2.40 erreichen, in der zwei UND-Gattern ein ODER-Gatter nachgeschaltet ist. Dadurch wird das Register je nach Herkunft der Taktsignale auf die Übernahme des Inhalts von s oder seines eigenen Inhalts vorbereitet.

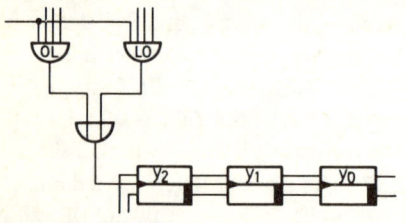

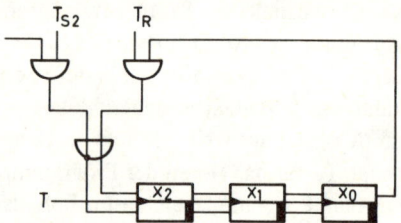

Bild 2.39

Der Takteingang des Akkumulators y wird an den Ausgang des ODER-Gatters angeschlossen.

Bild 2.40

Kommen von T_R Taktsignale, so arbeitet das Eingangsregister als Ringschieberegister. Bei Signalen von T_{S2} übernimmt es den Inhalt von s. Die Schaltung läßt sich beim Lehrgerät SIMULOG mit einem Kombigatter herstellen.

Im einfachen Programmbeispiel von Abschnitt 2.7 mußte im 4. Schritt der Akkumulator „von Hand" gelöscht werden, damit die neu ins Eingangsregister eingeschriebene Zahl unverändert in den Akkumulator übernommen werden konnte. Dieses Löschen des Akkumulators soll im verbesserten Modell automatisch erfolgen, wenn der Akkumulatorinhalt ins Speicherwerk s übertragen wird, d. h. bei der Ausführung des Befehls y → s (L0). Wenn der Transportbefehl y → s(L0) im Befehlsregister steht, darf am Ausgang s des Volladdierers nur die Ziffer 0 vorkommen. Das heißt, der Volladdierer darf nur dann arbeiten, wenn nicht der Befehl L0 im Befehlsregister steht.

Das läßt sich bei der gewählten Codierung der Befehle ganz einfach erreichen. Der Volladdierer soll immer dann arbeiten, wenn die Befehle 0L oder LL im Befehlsregister stehen, wenn also b_0 den Inhalt L hat. Wir verbinden den Ausgang s des Volladdierers mit einem Eingang eines UND-Gatters. An einen anderen Eingang legen wir den Ausgang von b_0. Dann kann die Summenziffer L nur auftreten, wenn b_0 den Inhalt L hat. Steht der Befehl L0 im Befehlsregister, so liegt ständig 0 am Ausgang des UND-Gatters. Der Akkumulator y wird in drei Taktsignalen gelöscht, während sein Inhalt nach s übertragen wird. Das gleiche gilt für die Übernahme des Übertrags aus dem Volladdierer in dem Übertragsspeicher.

Setzt man alle Teilschaltungen des Steuerwerks zusammen, so erhält man ein Computer-modell, das gegenüber dem einfachen Modell eine echte Programmsteuerung erlaubt. Die gesamte Schaltung zeigt Bild 2.41.

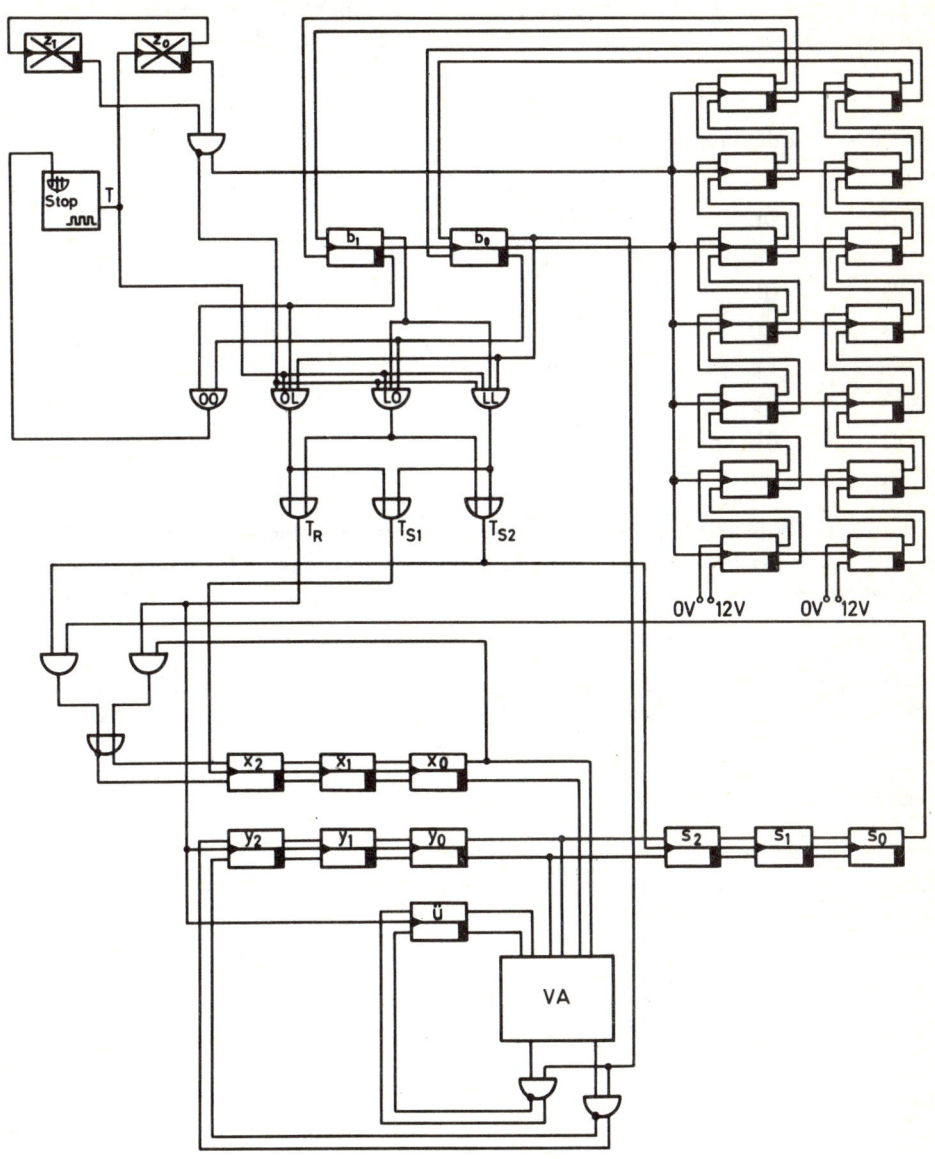

Bild 2.41. Schaltung des Computermodells

Mit diesem Computermodell können je nach eingegebenem Programm unterschiedliche Aufgaben automatisch gerechnet werden.

1. Beispiel: $y = 2 (a + b)$

Zunächst werden alle Register gelöscht.

Eingabe: Die Zahl a wird ins Eingangsregister x eingegeben. Nach dem 1. STOP-Befehl wird b in x eingeschrieben, L0 auf 0 zurückgesetzt und ein Taktsignal durch M ausgelöst.

Programm

Befehl	Codierung	
		Eingabe: a in x
ADD	0L	a in y
STOP	00	Eingabe: b in x
ADD	0L	a + b in y
y → s	L0	a + b in s
s → x	LL	a + b in x
ADD	0L	a + b in y
ADD	0L	2 (a + b) in y
STOP	00	

Der letzte STOP-Befehl braucht nicht ins Programmregister eingeschrieben zu werden. Er läuft wegen der festen Vorbereitung des untersten Registers im Programmspeicher automatisch ein.

2. Beispiel: $y = 2a + 3b$

Eingabe: a wird ins Eingangsregister x eingegeben. Beim ersten STOP wird b ins Eingangsregister x eingegeben. Danach wird die Programmbearbeitung – wie im ersten Beispiel – neu gestartet.

Programm

Befehl	Codierung	
		Eingabe: a in x
ADD	0L	a in y
ADD	0L	2a in y
y → s	L0	2a in s
STOP	00	Eingabe: b in x
ADD	0L	b in y
ADD	0L	2b in y
ADD	0L	3b in y
s → x	LL	2a in x
ADD	0L	2a + 3b in y
STOP	00	

Dieses Programm erfordert 9 Register im Programmspeicher, ist also nicht vollständig in den Computer von Bild 2.41 einzuschreiben. Man schreibt zu Beginn die ersten 7 Befehle ein und muß dann beim Stoppen des Programmablaufs, das für die Eingabe der Zahl b einprogrammiert ist, die letzten beiden Befehle in die inzwischen frei gewordenen Register des Programmspeichers einschreiben.

Aufgabe 2.35: Erproben Sie das verbesserte Computermodell mit der Beispielaufgabe aus Abschnitt 2.7.

Aufgabe 2.36: Erklären Sie die Stoppschaltung des Computermodells.

Aufgabe 2.37: Erproben Sie die angegebenen Programme mit geeigneten Zahlen für a und b.

Aufgabe 2.38: Schreiben Sie das Programm des 2. Beispiels so um, daß zu Beginn die Zahl a ins Eingangsregister x und die Zahl b in den Akkumulator y eingeschrieben werden.

Aufgabe 2.39: Schreiben und erproben Sie das Programm für die Aufgaben

a) $y = 3a + 2b$,
b) $y = 2(a + b + c)$ und
c) $y = 2(a + b) + 3c$.

Schlußwort

Durch Ihre Arbeit in und mit diesem Buch haben Sie einen ersten Einblick in die Arbeitsweise eines Computers gewonnen. Zwar kennen Sie noch nicht die technischen Einzelheiten eines wirklichen Computers und können ihn auch noch nicht selbst programmieren oder bedienen, sie haben aber die Grundprinzipien für seinen Aufbau und für das Programmieren kennengelernt. Auf dieser Basis können Sie weiterarbeiten und zu einem immer tieferen und umfangreicheren Verständnis gelangen.

Aber auch wenn Sie sich nicht weiter mit der elektronischen Datenverarbeitung beschäftigen, haben Sie durch die Arbeit mit diesem Buch erkennen können, daß ein Computer kein geheimnisvolles oder furchterregendes Instrument ist. Sie haben eingesehen, daß dem Computer jeder einzelne Schritt, den er ausführt, vom Menschen mit dem Programm vorgegeben wird. Nicht der Computer denkt, sondern der Mensch denkt mit Hilfe des Computers. Dieser ist nur eine Maschine, die als Entscheidungshilfe überall dort eingesetzt werden kann, wo der Mensch zu langsam arbeitet.

Anhang A. Dualzahlen

Will man Zahlen in einem Computer verarbeiten lassen, so muß man sie zuvor in einer computergerechten Weise verschlüsseln. Das geschieht im allgemeinen mit einem Binärcode, einem Code mit genau zwei Zeichen. Von den verschiedenen, in der Praxis gebräuchlichen Codes soll hier nur der Dualcode, das Stellenwertsystem mit der Basis 2, kurz erläutert werden.

Bezeichnet man die beiden Ziffern des Dualcodes mit 0 und L, so kann man 0 zugleich als Zeichen für die Zahl Null und L als Zeichen für die Zahl Eins verwenden. Die Verschlüsselung der weiteren Zahlen erfolgt dann durch mehrstellige Codewörter.

Man faßt dazu zwei Einer zu einem Zweier, zwei Zweier zu einem Vierer, zwei Vierer zu einem Achter usw. zusammen. Die Ziffer L oder 0 an der jeweiligen Stelle des Codewortes für die betreffende Zahl gibt an, ob die Stelle besetzt ist oder nicht. Auf diese Weise erhält man die in der Tabelle dargestellten Codewörter für die Null und die ersten natürlichen Zahlen. Statt von mit dem Dualcode verschlüsselten Zahlen spricht man oft kurz von Dualzahlen.

Will man eine mit dem üblichen Dezimalcode verschlüsselte Zahl mit dem Dualcode verschlüsseln, so wendet man am besten das folgende systematische Verfahren an:
Man dividiert die gegebene Zahl durch 2, notiert den Rest, dividiert den ganzzahligen Anteil des Quotienten wieder durch 2, notiert den Rest usw. Auf diese Weise stellt man fest, wie viele Einer, Zweier, Vierer usw. in der gegebenen Zahl enthalten sind. Dann läßt sich die Zahl sofort mit dem Dualcode umschreiben.

Tabelle A1. Verschlüsselung der ersten ganzen Zahlen mit dem Dualcode

Dezimalzahl	Dualzahl				
	Achter	Vierer	Zweier	Einer	Stufenzahlen
	2^3-	2^2-	2^1-	2^0-	Stelle
0				0	
1				L	
2			L	0	
3			L	L	
4		L	0	0	
5		L	0	L	
6		L	L	0	
7		L	L	L	
8	L	0	0	0	
9	L	0	0	L	
10	L	0	L	0	
11	L	0	L	L	
12	L	L	0	0	
13	L	L	0	L	
14	L	L	L	0	
15	L	L	L	L	

Beispiel:

$$53 = 26 \cdot 2 + 1 \quad | \quad \text{L} \quad \text{Einer}$$
$$26 = 13 \cdot 2 + 0 \quad | \quad 0 \quad \text{Zweier}$$
$$13 = 6 \cdot 2 + 1 \quad | \quad \text{L} \quad \text{Vierer}$$
$$6 = 3 \cdot 2 + 0 \quad | \quad 0 \quad \text{Achter}$$
$$3 = 1 \cdot 2 + 1 \quad | \quad \text{L} \quad \text{Sechzehner}$$
$$1 = \quad\quad 1 \quad \downarrow \quad \text{L} \quad \text{Zweiunddreißiger}$$

Als Reste ergeben sich nacheinander die dezimal geschriebenen Ziffern der zugehörigen Dualzahl. Von der Einerziffer ausgehend (vgl. den Pfeil) erhält man 53 = L̲L̲0̲L̲0̲L̲.

Für die Entschlüsselung einer mit dem Dualcode verschlüsselten Zahl läßt sich das beschriebene Codierungsverfahren umkehren:

Man verdoppelt die dezimal geschriebene Ziffer an der Stelle der gegebenen Dualzahl mit dem höchsten Stellenwert, addiert die nächste Ziffer, verdoppelt das Ergebnis wieder usw. bis zur Addition der Einerziffer.

Beispiel: LL0L0L

$$\begin{array}{c|l}
\text{L} & \quad\quad\quad 1 = \ 1 \\
\text{L} & 1 \cdot 2 + 1 = \ 3 \\
0 & 3 \cdot 2 + 0 = \ 6 \\
\text{L} & 6 \cdot 2 + 1 = 13 \\
0 & 13 \cdot 2 + 0 = 26 \\
\text{L} & 26 \cdot 2 + 1 = 53 \\
\end{array}$$

Die Ziffern der Dualzahl tauchen dabei nacheinander in der Reihenfolge auf, die der Pfeil anzeigt: L̲L̲0̲L̲0̲L̲ = 53.

Die Addition von Dualzahlen geschieht wie bei Dezimalzahlen, indem man die Summanden stellenrichtig untereinanderschreibt und dann, von der Einerstelle ausgehend, stellenweise addiert.

Hat man zwei einstellige Summanden, so können nur die folgenden vier Additionsaufgaben auftreten:

Tabelle A2. Additonstafel für zwei einstellige Dualzahlen (Kleines Einspluseins für mit dem Dualcode verschlüsselte Zahlen)

$$\begin{array}{ccccc}
0 & + & 0 & = & 0 \\
0 & + & \text{L} & = & \text{L} \\
\text{L} & + & 0 & = & \text{L} \\
\text{L} & + & \text{L} & = & \text{L}0 \\
\end{array}$$

Die vierte Gleichung der Tabelle stellt einen Sonderfall dar, hier tritt als Ergebnis der Addition eine zweistellige Dualzahl auf. In der nächsthöheren Stelle ist der Übertrag L zu berücksichtigen. Man muß dort drei einstellige Dualzahlen addieren. Das geschieht durch zweimaliges Anwenden des kleinen Einspluseins. Die Ergebnisse sind in der folgenden Additionstafel zusammengestellt.

Tabelle A3. Additionstafel für drei einstellige Dualzahlen

$$\begin{array}{ccccccc}
0 & + & 0 & + & 0 & = & 0 \\
0 & + & 0 & + & \text{L} & = & \text{L} \\
0 & + & \text{L} & + & 0 & = & \text{L} \\
0 & + & \text{L} & + & \text{L} & = & \text{L}0 \\
\text{L} & + & 0 & + & 0 & = & \text{L} \\
\text{L} & + & 0 & + & \text{L} & = & \text{L}0 \\
\text{L} & + & \text{L} & + & 0 & = & \text{L}0 \\
\text{L} & + & \text{L} & + & \text{L} & = & \text{LL} \\
\end{array}$$

Beispiel: LL0LLL + L0LLL0   Kontrolle

1. Summand:	LL0 LLL	55
2. Summand:	+ L0L LL0	+ 46
Überträge:	L LLL L	11
Summe:	L L00 L0L	101

Unter den beiden Summanden ist eine Zeile für die Überträge vorgesehen; ein Übertrag 0 ist dabei der Einfachheit halber jeweils weggelassen worden.

Die Addition mehrerer Summanden geschieht in Computern im allgemeinen in der Weise, daß zu der Summe der beiden ersten Summanden der dritte hinzuaddiert wird, zu dieser neuen Zwischensumme der vierte Summand und so fort. Deshalb braucht das allgemeine Verfahren zur gleichzeitigen Addition mehrerer Dualzahlen hier nicht ausgeführt zu werden. Es verläuft wie das entsprechende Verfahren für Dezimalzahlen, ist aber durch das gleichzeitige Auftreten mehrerer Überträge in derselben Stelle umständlicher.

Anhang B. Axiome der Booleschen Algebra

In Abschnitt 1.3 wird die Aussagenalgebra folgendermaßen definiert: Die Menge {f, w}, in der die Verknüpfungen Konjunktion und Adjunktion sowie die Negation durch die entsprechenden Tabellen definiert werden, heißt Aussagenalgebra. Die Schaltalgebra ergibt sich in Abschnitt 1.4 als die Menge {0, L}, deren Elementepaaren bzw. Elementen durch UND-, ODER- und NICHT-Gatter jeweils wieder Elemente der Menge zugeordnet werden.

In den darauf folgenden Abschnitten wird herausgearbeitet, wie man aussagenalgebraische Terme und Schaltungen mit ihren jeweiligen Darstellungen durch Karnaugh-Diagramme und Tabellen umkehrbar eindeutig aufeinander abbilden kann. Bei dieser Abbildung ist es unwesentlich, ob man zuerst eine Verknüpfung zwischen den Elementen eines Bereichs und dann die Abbildung in den anderen Bereich durchführt, oder ob man zunächst die Elemente abbildet und anschließend die Bildelemente in entsprechender Weise miteinander verknüpft. Das Ergebnis ist in beiden Fällen dasselbe: Aussagenalgebra und Schaltalgebra sind zueinander isomorph.

Diese Isomorphie führt dazu, daß man in Aussagenalgebra und Schaltalgebra parallel arbeiten kann. Insbesondere kann man Gesetze der Aussagenalgebra mit Hilfe geeigneter Schaltungen experimentell nachweisen, da in beiden Bereichen die gleichen Gesetze gelten. Man sagt, beide Bereiche seien verschiedene Modelle derselben abstrakten algebraischen Struktur. In dieser Struktur, der Booleschen Algebra, gelten dann die gleichen Gesetze wie in den beiden Modellen.

Die Gesetze der Aussagenalgebra werden in den Abschnitten 1.6 und 1.7 – sie heißen dort bereits Gesetze der Booleschen Algebra – direkt aus den Wertetabellen für Konjunktion, Adjunktion und Negation hergeleitet oder mit Hilfe von Schaltungen bewiesen. Anwendung finden die Gesetze in Abschnitt 1.8 bei der Vereinfachung eines Terms oder bei seiner Umwandlung in die adjunktive Normalform.

Für diese Termumwandlungen sind jedoch nicht alle in Abschnitt 1.7 zusammengestellten Gesetze erforderlich. Es genügt vielmehr, einige von ihnen zu kennen; die übrigen ergeben sich als Folgerungen daraus. So läßt sich zum Beispiel das durch die Gleichung $a \wedge f = f$ dargestellte Gesetz aus dem Gesetz vom Widerspruch, dem Assoziativ- und dem Idempotenzgesetz der Konjunktion herleiten:

$$
\begin{aligned}
a \wedge f &= a \wedge (a \wedge \overline{a}) && \text{(Gesetz vom Widerspruch)} \\
&= (a \wedge a) \wedge \overline{a} && \text{(Assoziativgesetz der Konjunktion)} \\
&= a \wedge \overline{a} && \text{(Idempotenzgesetz der Konjunktion)} \\
&= f && \text{(Gesetz vom Widerspruch)}
\end{aligned}
$$

Entsprechend ergibt sich das Absorptionsgesetz:

$$
\begin{aligned}
a \wedge (a \vee b) &= (a \vee f) \wedge (a \vee b) && \text{(Gesetz vom neutralen Element der Adjunktion)} \\
&= a \vee (f \wedge b) && \text{(Distributivgesetz)} \\
&= a \vee (b \wedge f) && \text{(Kommutativgesetz der Konjunktion)} \\
&= a \vee f && \text{(Aussage des vorangehenden Beispiels)} \\
&= a && \text{(Gesetz vom neutralen Element der Adjunktion)}
\end{aligned}
$$

Offenbar genügt die Kenntnis einiger geeigneter Gesetze, um daraus alle anderen herleiten zu können. Deshalb kann die Boolesche Algebra auch dadurch definiert werden, daß man die Gültigkeit dieser Gesetze fordert.

Definition: Gegeben sei eine Menge M von Elementen a, b, c, ..., n, e. Zwischen den Elementen der Menge seien zwei Verknüpfungen definiert, die mit $\sqcap$ und $\sqcup$ bezeichnet werden und für die folgende Axiome gelten sollen:

(1) Abgeschlossenheit: Für alle Elemente $x, y \in M$ gilt

$$ x \sqcap y \in M, \qquad x \sqcup y \in M. $$

(2) Kommutativität: Für alle Elemente $x, y \in M$ gilt

$$ x \sqcap y = y \sqcap x, \qquad x \sqcup y = y \sqcup x. $$

(3) Distributivität: Für alle Elemente $x, y, z \in M$ gilt

$$ x \sqcap (y \sqcup z) = (x \sqcap y) \sqcup (x \sqcap z), \qquad x \sqcup (y \sqcap z) = (x \sqcup y) \sqcap (x \sqcup z). $$

(4) Existenz von neutralen Elementen: Es gibt zwei Elemente $e, n \in M$, so daß für alle Elemente $x \in M$ gilt

$$ x \sqcap e = x, \qquad x \sqcup n = x. $$

(5) Existenz von komplementären Elementen: Für jedes Element $x \in M$ gibt es ein Element $\overline{x} \in M$, so daß gilt

$$ x \sqcap \overline{x} = n \quad \text{und} \quad x \sqcup \overline{x} = e. $$

Eine Menge mit den angegebenen Eigenschaften heißt eine Boolesche Algebra.

Das angegebene Axiomensystem geht auf Huntington (1904) zurück. Wählt man für M die Menge der Wahrheitswerte $\{f, w\}$, für die mit $\sqcap$ und $\sqcup$ bezeichneten Verknüpfungen die Konjunktion und die Adjunktion und für die neutralen Elemente n und e die Wahrheitswerte f und w, so erhält man als Modell der Booleschen Algebra gerade die Aussagenalgebra. Dabei gehen die Axiome (2), (3) und (4) über in die entsprechenden Gesetze der Aussagenalgebra; (5) ergibt die Gesetze vom Widerspruch und vom ausgeschlossenen Dritten.

Wie sich aus diesen „Fundamentalgesetzen" die übrigen Gesetze herleiten lassen, soll an zwei einfachen Beispielen gezeigt werden.

1. Beispiel:

Idempotenzgesetz der „Konjunktion": Für alle Elemente $x \in M$ gilt $x \sqcap x = x$.

Beweis: Für alle Elemente $x \in M$ gilt

$$
\begin{aligned}
x \sqcap x &= (x \sqcap x) \sqcup n & &\text{nach Axiom (4)} \\
&= (x \sqcap x) \sqcup (x \sqcap \overline{x}) & &\text{nach Axiom (5)} \\
&= x \sqcap (x \sqcup \overline{x}) & &\text{nach Axiom (3)} \\
&= x \sqcap e & &\text{nach Axiom (5)} \\
&= x & &\text{nach Axiom (4)}
\end{aligned}
$$

2. Beispiel:

Für alle Elemente $x \in M$ gilt $x \sqcap n = n$.

Die ersten drei Beweisschritte stimmen mit denen des vorangehenden Beispiels überein:
Für alle Elemente $x \in M$ gilt

$$
\begin{aligned}
x \sqcap n &= (x \sqcap n) \sqcup n & &\text{nach Axiom (4)} \\
&= (x \sqcap n) \sqcup (x \sqcap \overline{x}) & &\text{nach Axiom (5)} \\
&= x \sqcap (n \sqcup \overline{x}) & &\text{nach Axiom (3)} \\
&= x \sqcap (\overline{x} \sqcup n) & &\text{nach Axiom (2)} \\
&= x \sqcap \overline{x} & &\text{nach Axiom (4)} \\
&= n & &\text{nach Axiom (5)}
\end{aligned}
$$

Die Aussage dieses letzten Beispiels ist im Prinzip die gleiche wie im ersten Beispiel auf S. 99 Der Unterschied liegt in folgendem: Hier ist der Satz in der Sprache der Booleschen Algebra formuliert, dort in der Sprache der Aussagenalgebra. Weiterhin wird der Satz hier aus dem Axiomensystem bewiesen, während dort neben dem Gesetz vom Widerspruch (Axiom (5)) das Assoziativ- und das Idempotenzgesetz der Konjunktion zum Beweis herangezogen werden. Die Herleitung des Idempotenzgesetzes aus dem Axiomensystem wird im 1. Beispiel durchgeführt. Der Nachweis der Gültigkeit des Assoziativgesetzes läßt sich in entsprechender Weise durchführen, ist aber wesentlich umständlicher und soll deshalb hier übergangen werden.

Ist dieser Nachweis jedoch schon geführt, so sind beide Beweise in gleicher Weise aus dem Axiomensystem begründet.

Damit ist zugleich das Absorptionsgesetz aus dem zweiten Beispiel von S. 99 auf das Axiomensystem zurückgeführt, denn neben der Aussage des vorangehenden Beispiels werden nur die Axiome (4), (3) und (2) — in der Sprache der Aussagenalgebra — zum Beweis verwendet.

Zum Schluß soll noch gezeigt werden, daß auch in der Booleschen Algebra das bereits in Abschnitt 1.7 formulierte Dualitätsprinzip gilt:

Vertauscht man in dem Axiomensystem der Booleschen Algebra die Verknüpfungszeichen $\cap$ und $\cup$ sowie die neutralen Elemente e und n miteinander, so geht jedes Axiom in sich selbst über, da lediglich die beiden in dem Axiom auftretenden Gleichungen miteinander vertauscht werden. Man sagt, diese Gleichungen seien zueinander und damit die einzelnen Axiome zu sich selbst dual. Vertauscht man nun in einem aus dem Axiomensystem beweisbaren Satz die Zeichen und Elemente in der angegebenen Weise, so erhält man den zu ihm dualen Satz. Auch die einzelnen Beweisschritte gehen dabei in die zu ihnen dualen über. Diese dualen Beweisschritte ergeben den Beweis des dualen Satzes, da alle Axiome zu sich selbst dual sind.

Das soll an einem Beispiel gezeigt werden.

Behauptung: Für alle Elemente $x \in M$ gilt $x \cup e = e$.

Beweis: Für alle Elemente $x \in M$ gilt

$$
\begin{aligned}
x \cup e &= (x \cup e) \cap e & &\text{nach Axiom (4)} \\
&= (x \cup e) \cap (x \cup \overline{x}) & &\text{nach Axiom (5)} \\
&= x \cup (e \cap \overline{x}) & &\text{nach Axiom (3)} \\
&= x \cup (\overline{x} \cap e) & &\text{nach Axiom (2)} \\
&= x \cup \overline{x} & &\text{nach Axiom (4)} \\
&= e & &\text{nach Axiom (5)}
\end{aligned}
$$

Satz und Beweis sind zu denen im 2. Beispiel auf S. 100 dual. Entsprechend ergibt sich nach dem Dualitätsprinzip aus dem 1. Beispiel auf S. 100 das Idempotenzgesetz der „Adjunktion": Für alle Elemente $x \in M$ gilt $x \cup x = x$.

Sachwortverzeichnis

Addition von Dualzahlen 65, 97
Adjunktion
– von Aussageformen 10
– von Wahrheitswerten 14
Akkumulator 82, 88, 89
Assoziativgesetz 39, 42
Aussage 2
Aussageform 1
Aussagenalgebra 13

Baumdiagramm 9, 30
Befehlsregister 86
bit 65
Boolesche Algebra 26, 99
Axiome der – – 99
Gesetze der – – 36

Codierung von Befehlen 87
Computer-Generation 20

Decodierschaltung 88, 91
Distributivgesetz 44
Dualcode 96
Dualität 42, 101
Dualzähler 80
Dualzahl 65, 96

Elementarkonjunkt 48
ENTWEDER – ODER 12, 13

Flußdiagramm für die Addition 66, 72

Gatter 21
Gesetze mit f und w 41, 43, 101
Gesetz der doppelten Negation 37, 42
Gesetz vom ausgeschlossenen Dritten 38, 43
Gesetz vom Widerspruch 39, 43
Gesetz von de Morgan 45
Gleichheit von Termen 36
Gleichwertigkeit von Schaltungen 36

Halbaddierer 68

Idempotenzgesetz 40, 42, 100, 101
Inhalt eines Speicherglieds 64
Isomorphie 26, 29, 98

Karnaugh-Diagramm
– – der Aussagenalgebra 15, 28, 31
– – der Schaltalgebra 25
– – für Aussageformen 4
– – für Mengen 4
– –, Verwendung zur Vereinfachung von Termen 54
Kombigatter 68
Kommutativgesetz 37, 42
Konjunktion
– von Aussageformen 7
– von Wahrheitswerten 14

Lösungsmenge 3

Minterm 48

NAND-Verknüpfung 59, 63
Negation
– von Aussageformen 4
– von Wahrheitswerten 14
Negationsglied 21, 41
NICHT-Gatter 41
NICHT-Schaltung 18, 19
Normalform, adjunktive 47
NOR-Verknüpfung 59

ODER-Gatter 22
ODER-Schaltung 18

Paralleladdierwerk 71
Programmspeicher 90
Programmsteuerung 90, 93
Prüfbit = Prüfstellenziffer 58

Rechenwerk 84
Register 65
Ringschieberegister 76
Rücksetzeingang 21

Schaltalgebra 17
Schalter 17

Schaltzeichen
– für das Variablenglied 23
– für Gatter 23
– für NOR-Gatter 60
Schieberegister 75
Serienaddierwerk 71, 77
–, vollständige Schaltung 83
Setzeingang 21
Spannungsmodell 20
Speicherglied 64
Speicherwerk 84
Steuerung eines Zugsignals 57
Steuerwerk 84
Strommodell 20
STOP des Taktgebers 81
Subjunktion 13
Summenziffer 65

Taktgeber 73
Term 27
Termumformungen 43, 45

Übernahmesignal 75
Übertragsspeicher 72, 77
Übertragsziffer 65, 67
UND-Gatter 22
UND-Schaltung 18

Variable 1
Variablenglied 20
Vereinfachen von Termen in Normalform 52
Verteilung der Taktsignale beim programmgesteuerten Computermodell 92
Volladdierer 70
Vorbereitung eines Speicherglieds 74, 80
Vorbereitungseingänge 74

Wahrheitstafel
– der Adjunktion 11
– der Konjunktion 9
– der Negation 6
Wahrheitswert 2
Wortlänge 65

Zentraleinheit 84
Zustand 17, 20

kolleg-texte

- Eingangsniveau: Abschluß der Sekundarstufe I
- Themen und Stoffe eines Grund- oder Leistungskurses
- Differenzierung durch Parallelbände mit Grundkurs- und Leistungs-
  kursniveau
- Folgebände bei mehrsemestrigen Kursen
- Umfang: Lehrstoff eines Halbjahres

Bisher sind erschienen:

Informatik: **Whitesitt/Stumpf**
Einführung in die Boolesche Algebra
Mit 45 Abbildungen. — Braunschweig: Vieweg 1972. 96 Seiten.
DIN C 5. Paperback 6,80 DM
ISBN 3 528 00**820** 2

Lamprecht/Lührs/Müller
Programmieren mit FORTRAN IV
Einführung mit Übungen. Mit 10 Abbildungen. — Braunschweig:
Vieweg 1972. IV, 144 Seiten. DIN C 5. Paperback 9,80 DM
ISBN 3 528 00**821** 0

Mathematik: **Harbeck**
Einführung in die formale Logik
Mit 44 Abbildungen. 4., unveränderte Auflage. — Braunschweig:
Vieweg 1970. VI, 114 Seiten. DIN C 5. Kartoniert 7,80 DM
ISBN 3 528 10**810** X

Physik: **Berger**
Philosophische Grundgedanken zur Struktur der Physik
Mit 7 Abbildungen. 2., durchgesehene Auflage. — Braunschweig:
Vieweg 1972. III, 96 Seiten. DIN C 5. Kartoniert 6,80 DM
ISBN 3 528 10**520** 8

 **vieweg**

Wie arbeitet ein Computer?

Band 1: Logikschaltungen

Von Helmut Dahncke, Gerd Harbeck, Karl-Heinrich Jäschke, Jürgen Küster, Bernd Reimers und Gert Starke. Mit 151 Abbildungen und 106 Tabellen. 2., durchgesehene Auflage. — Braunschweig: Vieweg 1972. VIII, 200 Seiten. DIN C 5. Kartoniert 19,80 DM

ISBN 3 528 18287 3

Inhalt: Grundbegriffe der Aussagenlogik — Computer mit elektrischen Schaltern — Computer mit elektronischen Gattern — Logische Folgerungen und ihre experimentelle Überprüfung — Lösung praktischer Probleme mit logischen Schaltungen.

Band 2: Rechenwerke

Von Helmut Dahncke, Gerd Harbeck, Karl-Heinrich Jäschke, Jürgen Küster, Bernd Reimers und Gert Starke. Mit 151 Abbildungen und 31 Tabellen. — Braunschweig: Vieweg 1972. VIII, 150 S. DIN C 5. Kartoniert 16,80 DM

ISBN 3 528 08316 6

Inhalt: Dualzahlen — Zahlenspeicher und Zählwerk — Paralleladdierwerk — Serienaddierwerk — Multiplizierwerk — Programmsteuerung

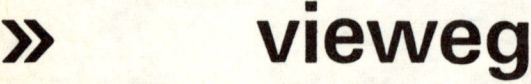